최고가 되려면
최고에게
배워라

최고가 되려면
최고에게
배워라

초판 1쇄 발행 2019년 1월 11일

지 은 이	최갑도
발 행 인	권선복
편 집	권보송
디 자 인	김소영
전 자 책	서보미
발 행 처	도서출판 행복에너지
출판등록	제315-2011-000035호
주 소	(157-010) 서울특별시 강서구 화곡로 232
전 화	0505-613-6133
팩 스	0303-0799-1560
홈페이지	www.happybook.or.kr
이 메 일	ksbdata@daum.net

값 15,000원

ISBN 979-11-5602-657-0 (03190)

Copyright ⓒ 최갑도, 2019

도서출판 행복에너지는 독자 여러분의 아이디어와 원고 투고를 기다립니다. 책으로 만들기를
원하는 콘텐츠가 있으신 분은 이메일이나 홈페이지를 통해 간단한 기획서와 기획의도, 연락
처 등을 보내주십시오. 행복에너지의 문은 언제나 활짝 열려 있습니다.

최갑도의 배움 시리즈

최고가 되려면 최고에게 배워라

최갑도 지음

도서
출판 행복에너지

추천사

김견(기아자동차 감사실장·전 경영지원본부장)

이 책『최고가 되려면 최고에게 배워라』는 품질경영의 대명사 정몽구 현대차그룹 회장의 9가지 강점 리더십과 그를 뒷받침하는 성공 경영철학을 통하여, 현대차그룹이 어떻게 세계에서 가장 빠른 속도로 성장하고 명실상부한 글로벌 기업으로 자리매김하게 되었는가를 잘 보여주고 있다. 더욱이 현대자동차서비스에 정비사로 입사한 후 현재는 조직의 성장에 기여하는 기업교육 담당 명강사로 재탄생한 저자의 생생한 현장 경험담이 더해져, 한국 자동차산업에 빨간불이 켜진 이 시점에 시사하는 바가 크다.

조관일 박사

(전 한국강사협회 회장, 전 대한석탄공사 사장)

인재육성은 기업 경쟁력의 근원인 동시에 성장동력이다. 무엇보다 기업이 추구하는 사업의 성과를 높일 수 있도록 조직 구성원의 역량을 개발시켜 주는 것이 중요하다. 오늘날 현대자동차그룹이 세계적 자동차 회사로 우뚝 선 밑바탕에는 바로 이 인재육성과 역량개발의 기업문화가 있었다. 불치하문不恥下問의 배움 정신으로 직원교육에 열과 성을 다해온 정몽구 회장이야말로 이 시대의 진정한 리더라고 할 수 있을 것이며, 그 정신을 현장에서 온몸으로 구현해낸 저자의 이야기에 귀 기울여 보기를 권한다.

조용빈 대표

(한국조직심리연구소 대표, 전 현대 인재개발원 교수)

'완벽한 고객만족'과 '품질향상'을 첫 번째 목표로 삼고 오너와 직원이 한마음으로 달려온 결과, 현대자동차는 당당히 글로벌 5위의 자동차 업체로 도약할 수 있었다. 정몽구 회장의 뜨거운 열정과 경영의 지혜가 오롯이 담겨 있는 이 책『최고가 되려면 최고에게 배워라』를 통해 또 한 번 큰 감동을 받으며, 현대자동차그룹뿐 아니라 대한민국의 자동차산업이 제2의 전성기를 맞게 되기를 기원한다. 또한 안팎으로 힘든 때일수록 내실을 다지고 위기를 기회로 만들어 새로운 도약과 성장을 이뤄내고 있는 현대자동차그룹과 저자에게 힘찬 응원의 박수를 보낸다.

최현복 교수(대구대학교 교수, 전 국민권익위원회 부위원장)

도산 안창호 선생은 "기회는 기다리는 사람에게 잡히지 않는 법이다. 기회를 기다리는 사람이 되기 전에 기회를 얻을 수 있는 실력을 갖춰야 한다."라는 명언을 남겼다. 불굴의 성공의지로 현대그룹을 창업한 정주영 회장과 끊임없는 기술혁신으로 품질경영의 대명사가 된 정몽구 회장! 이 두 사람은 무작정 기회가 오기를 기다리기보다 직접 기회를 찾아나서 성공을 일궈낸 입지전적 인물이다. 뚝심 있는 행동력과 변화에 맞서는 도전정신으로 오늘날의 현대차그룹을 존재하게 한 정주영·정몽구 회장처럼, 위기상황 속에서도 일에 열중하며 스스로 실력을 키워 나가는 사람에게는 반드시 기회가 찾아올 것이다.

최종엽(기아자동차 오토 큐 대표)

엔지니어의 한 사람인 나로서는 투철한 현장 우선 경영으로 기술혁신 및 기술개발에 많은 투자를 해 오신 현대자동차그룹 정몽구 회장님을 무척 존경한다. 정 회장님은 언제나 현장경영을 통해 엔지니어들의 사기를 북돋워 주셨고, 일찌감치 기술의 중요성을 인지하시고 기능인을 교육하여 인재를 양성하는 데 큰 힘을 쏟으셨다. 엔지니어들이 좀 더 대접받는 사회가 된다면, 기술강국 대한민국의 저력이 다시 한 번 입증될 수 있을 것이다.

나병수(기아자동차 오토 큐 대표)

저자 최갑도 강사는 기아자동차에서 함께 근무한 동료이자 나의 절친한 친구이다. 그는 불우했던 청년시절부터 불가능을 가능으로 바꾼 정주영 회장님과 정몽구 회장님을 자신의 롤 모델로 삼고, 이 두 분에게서 어떠한 난관에도 굴하지 않는 소신과 뚝심을 배웠다고 한다. 저자의 드라마틱한 인생역정에서 한 걸음 더 나아가 현대자동차그룹이 글로벌 기업으로 도약하기까지의 과정을 담고 있는 이 책을 통해, 이 시대의 진정한 리더의 모습을 살펴볼 수 있을 것이다.

박정구(현대자동차 블루핸즈 대표)

현대자동차그룹의 5가지 핵심가치(고객 최우선 · 도전적 실행 · 소통과 협력 · 인재 존중 · 글로벌 지향)에는 정몽구 회장님의 경영의 지혜가 고스란히 담겨 있다. 현대차 서비스 블루핸즈를 운영하면서 나 역시 정 회장님의 이러한 경영철학을 본받고자 노력하였다. 정 회장님이 해 오신 것처럼 직원들을 최고의 기술자로 성장시키기 위해 교육비를 지원하는 제도를 운영하다 보니, 어느새 자동차 서비스 업계에서 기술수준 및 서비스정신이 투철한 업체로 인정받을 수 있었다. 조직에 있어서 리더의 경영철학이 얼마나 중요한 것인가를 실감한 순간이었다.

경창호(평화엔지니어링 개발본부 고문, 전 공병학교장 겸 공병감)

"일근천하무난사一勤天下無難事, 부지런하면 세상에 어려울 것이 없다." 정몽구 현대차그룹 회장의 어록 중 하나이다. 사업의 최대 장애물은 일을 시작하기도 전에 스스로 한계를 정하는 것이라고 했다. 정몽구 회장은 특유의 근면성, 집요함으로 IMF 외환위기 때에도 뒤로 물러서지 않고 폭풍이 몰아치는 큰 바다로 나가, 글로벌 기업으로의 도약을 이뤄냈다. 기업가의 리더십이 경영에 있어 가장 중요한 요소임을 몸소 알려준 것이다. 책『최고가 되려면 최고에게 배워라』는 단순히 기업의 성공전략을 나열해 놓는 것에 그치지 않고, 우리나라 자동차산업을 이끈 정몽구 회장의 뜨거운 열정과 상생의 정신 그리고 불굴의 도전정신을 집중 조명함으로써, 기업인들뿐 아니라 지금 역경에 처해 있는 많은 이들에게 꿈과 희망을 심어줄 것이다.

최고를 통한 배움으로
성공의 각본을 써나가자!

이삼웅(기아자동차 주식회사 전 대표이사)

성공하는 사람들에게는 공통된 기질이 있습니다. 아무도 손대고 싶어 하지 않는 일에 피하지 않고 도전하는 자세입니다. 한 자기훈련 전략가가 한 말이 있습니다. "성공은 에스컬레이터 근처가 아닌 계단 근처에 있다." 저 역시 그러한 인물을 알고 있습니다. 바로 이 책『최고가 되려면 최고에게 배워라』를 지은 최갑도 저자입니다.

그는 생산직 직원으로, 또 기업 강사로 끊임없이 변신하며 회사를 위해 능력을 사용해 왔습니다. 돌이켜보면, 그는 언제나 계단을 오르는 사람이었습니다. 그는 아무리 높은 건물을 오를 때도 누구보다 앞장서서 걸어가는 과감함을 가지고 있습니다.

저는 한 회사의 대표이사로서 최갑도 저자를 유심히 지켜봤습니다. 제가 지켜봐 왔던 최갑도 저자의 이미지는 '무엇을 맡겨도 안심이 되는 사람'이었습니다. 다른 사람에게 지시를 미루지 않고 직접 움직이는 사람이며 어떠한 궂은일도 마다하지 않고 가장 먼저 움직이고 처리하는 사람이기도 합니다.

강사로서의 최갑도 저자 역시 마찬가지입니다. 저는 최갑도 저자가 말하는 '배움은 배신하지 않는다'는 이야기를 좋아합니다. 살아가면서 누구나 한 번쯤은 시련을 겪고 모든 것을 포기하고 싶어지는 순간이 있습니다. 이 시련이 조금 일찍 찾아오는 사람들도 있습니다. 현대기아자동차그룹의 창업주이신 정주영 명예회장님 역시 그러하였습니다. 하지만 자기 안의 궁핍을 스승으로 모시고 자기 자신의 궁핍을 채우기 위해 노력하는 사람은 시련에 굴하지 않고 성공의 자질을 키울 수 있게 됩니다.

인생은 공평하지 않은 게임과도 같습니다. 해마다 태어나는 신생아들만 떠올려 봐도 세상의 첫 빛을 볼 때부터 가지고 받는 것이 다 다릅니다. 하지만 다행히도 이 게임은 힘든 상황과 한계를 극복하고자 하는 마음과 과감한 도전정신에 의해 얼마든지 역전이 가능한 경기이기도 합니다.

최갑도 저자의 이 책은 이렇게 공평하지 않은 게임에 끊임없이 응수해 흥미진진한 인생 각본을 써 나간 한 인간의 값진 도전기이자, 현대기아자동차그룹 정몽구 회장님의 상징과도 같은 9가지 대표강점과 5가지 핵심가치가 어떻게 최갑도 저자라는 한 인간을 통해 드러나는지를 보여주는 책이기도 합니다. 무엇보다 그는 이 책을 통해 스스로 평범하고 내세울 것 없다고 생각하는 사람일지라도 올바른 배움을 통해 열정적으로 노력하면 결국 미래에는 원하는 자리에 도달할 것이라는 '희망'을 몸소 증명하고 있습니다.

오랫동안 지속된 경제불황으로 많은 사람들, 특히 젊은이들은 미래에 대한 꿈을 잃고 현재에 만족하는 풍조에 휩쓸려 가고 있습니다. 하지만 이런 사회 분위기에도 불구하고 제각각 어려운 상황을 견디며 새로운 도전에 나서고 있는 수많은 독자들에게 최갑도 저자의 이 책이 큰 도움이 되기를 바랍니다. 이 책이 담고 있는 최갑도 저자의 위대한 도전, 배움에 대한 헌신과 그침 없는 노력에 무한한 응원을 보내는 것과 함께, 현대기아자동차그룹 정몽구 회장님의 9가지 대표강점과 5가지 핵심가치의 힘이 이 책을 읽는 분들의 인생 항해에 큰 이정표가 되어 주기를 진심으로 바랍니다.

책 출간에 부쳐

조평규曺坪圭(중국연달그룹 수석부회장/단국대 석좌교수)

『배움은 배신하지 않는다』저자인 최갑도 친구를 떠올리면 왈
칵 눈시울이 뜨거워집니다. 동병상련同病相憐! 우리는 둘 다 검정
고시를 거쳐 대학에 진학한 경험을 공유하고 있기 때문일 것입니
다. 그는 중학교도 제대로 졸업하지 못했습니다만, 검정고시를
거쳐 대학과 대학원에서 학사와 석사학위를 취득했습니다. 그리
고 지금은 더 넓은 학문에 도전하며 배움을 계속하고 있습니다.

그는 독학으로 4개 국어를 유창하게 구사하며, 생산직에서 출
발하여 수만 기아자동차 직원의 멘토와 롤 모델이 되었고 한국을
대표하는 스타강사가 되었습니다. 얼마 전 KBS1 TV '황금연못'
에도 주인공으로 부부가 출연하여 인생의 단면을 보여주며 호평
을 얻었습니다. 참으로 놀라운 일이 아닐 수 없습니다.

출판 전 이 책의 원고를 읽어 볼 수 있는 기회를 준 친구에게 무
한 신뢰를 보냅니다. 이 책을 읽어가다 보니 곳곳에서 저자의 롤
모델Role Model이 되어 주신 현대자동차 정몽구 회장님의 고객최우
선, 도전적 실행, 인재존중, 글로벌 지향, 품질지상주의 정신, 소

통과 협력이라는 끝없는 도전과 뚝심을 발견하게 되었습니다.

또한 저자는 조직에서 위기를 인식하지 못하거나 변화하지 않는 태도를 위기라고 진단하고 있습니다. 위기 극복의 수단으로 자기의 핵심역량과 가치를 높이며, 실현 가능한 목표를 세우고, 위기를 기회로 인식하고 즐기라고 주문합니다. 위기는 혁신적 변화와 열정을 쏟으면 창조적 경쟁력이 생겨 극복된다고 조언합니다.

이 책을 읽는 독자 모두가 저자와 같은 인생을 살 수는 없겠지만, 인생을 살아가면서 가져야 하는 기본적 태도와 소양, 프레임을 배울 수 있습니다. 이 책에서 배우고 느낀 점을 자기의 인생이나 근무현장에서 실천한다면 정도와 규모의 차이는 있겠지만 반드시 성공할 수 있다고 확신합니다. 사람이 위대한 것은 꿈을 꾸기 때문입니다人因梦想而伟大(인인몽상이위대). 그러나 꿈을 실현하려면 엄청난 희생과 고통이 따르기 마련입니다. 독자는 저자의 실천적 행동을 통하여 어려움을 이기는 통찰력을 얻을 수 있을 것입니다.

세계적으로 유명한 일본 기업인 마츠시타 전기를 창업한 마츠시타 고노스케는 어렸을 때 매우 가난해서 제대로 학교를 다니지 못하였습니다. 초등학교 4학년 때 학교를 그만두고 자전거 가게 점원으로 일을 하기 시작하여 전 세계적으로 존경 받는 기업가의 한 사람이 되었습니다. 그는 "나는 집안이 가난하여 점원 생활을 한 덕에 상인의 몸가짐을 배웠고, 세상의 쓴맛을 보는 등 많은 경험을 할 수 있었습니다. 그리고 몸이 병약하여 꾸준히 운동을 하였기에 장수하였고(95세), 학력이 모자랐기 때문에 항상 모든 사람에게 가르침을 구했습니다."라고 회고한 바 있습니다.

우리는 누구나 인생에서 고난을 겪게 됩니다. 고난이 없다면 자신을 되돌아볼 수 없습니다. 고난을 이겨내는 과정에서 자신의 새로운 가치와 사명을 발견하게 되고 그런 사람이 성공하게 되며 존경을 받게 됩니다. 책의 저자 최갑도 친구는 이런 고난을 보기 좋게 극복한 사람입니다. 그리고 그는 인생을 바꾸고 업그레이드시키는 동력은 배움이라고 말합니다. 자기가 하는 일에서 최고가 되고자 하는 강한 열망은 배움을 불러오고, 성공의 비밀은 배움의 자세와 행동하는 실천에 있다고 자신 있게 말하고 있습니다. 손쉬운 성공이나 행복은 없다고도 강조합니다. 실패의 경험은 훌륭한 자산이 됩니다. 이 책이 널리 읽혀 실의에 빠진 이 땅의 많은 사람들에게 빛과 희망이 되기를 소망합니다.

최갑도 친구에게는 떼려야 뗄 수 없는 사람이 한 분 있습니다. 그의 부인 강덕자 여사입니다. 강 여사는 남편의 건강을 철저히 챙기는 것은 물론 힘들어하거나 어려움이 닥쳤을 때, 항상 곁에서 깔깔 웃으며 어려움을 유쾌하게 한숨에 날려버리는 역할을 충실히 하고 있습니다. 부인의 내조가 없었다면 오늘의 최갑도는 없었을지도 모릅니다. 주변의 많은 분들이 그의 부인에게 존경과 경의를 표하는 이유입니다.

동양의 고전 『논어論語』에서 공자孔子는 "날씨가 추워진 뒤에야

소나무와 잣나무의 절개를 알 수 있다歲寒然後 知松柏之後彫也(세한연후 지 송백지후조야)."고 하였습니다. 회사를 퇴사하고도 이 같은 책을 저술한다는 것은 쉬운 일이 아닐뿐더러 심지가 곧고 의리가 있는 사람이 아니라면 불가능한 일입니다. 최갑도 친구는 자기가 몸담았던 조직에 무한 충성과 의리를 지키는 사람임에 틀림없습니다.

그렇기에 이 책을 읽으며 저는 최갑도 저자의 '현대자동차'라는 조직에 대한 크나큰 애정 역시 느낄 수 있었습니다. 이 책은 기본적으로 저자 본인의 이야기를 담고 있지만, 동시에 그가 오랜 세월 몸담아 왔으며 극적인 인생역전을 하는 데에 결정적 영향을 미친 현대자동차라는 조직, 그리고 그 조직의 톱인 정몽구 현대차 회장에 대한 이야기를 담고 있기도 합니다.

오랫동안 번창하는 기업은 세 가지 과정을 거친다고 합니다. 새로운 기업을 일궈내는 '창업', 기업이 시장에 뿌리를 내릴 수 있도록 하는 '수성', 그리고 변화하는 시장에 맞추어 변신하고 환경에 적응해 나가며 기업의 핵심가치를 실천할 수 있도록 하는 '번영'입니다.

현대자동차그룹은 정주영 명예회장의 '창업' 이후 정몽구 회장의 대표강점과 핵심가치에 기반하여 수성으로 기업을 닦아 왔습니다. 현대차가 세계 자동차시장에서 내로라하는 글로벌 기업들과 어깨를 나란히 할 수 있게 된 것도 이러한 수성의 성과입니다. 이제는 새롭게 변화하는 자동차시장을 이끌어갈 '번영'이 정의선

현대자동차 총괄부회장의 손에서 이루어지기를 기원하는 저자의
마음을 책 곳곳에서 깊게 느낄 수 있습니다.

　인재는 항상 책을 가까이하는 특성을 가진 사람들입니다. 그런
의미에서 이 책이 일반인, 직장인, 기업가, 취준생, 청소년 등 대
한민국의 모든 사람들에게 읽혀지기를 소망합니다.

프롤로그

"살면서 무엇이 가슴을 뛰게 하는가?"

지금 이 시대의 키워드는 무엇일까? 여러 가지를 들 수 있겠지만 필자는 '생존'이라고 생각한다. 열심히 하면 성공하고, 게으르지 않으면 생존했던 시대는 이미 옛이야기가 되었다. 무한경쟁, 약육강식, 승자독식의 논리가 사회 전반에 가득 차 있기 때문이다. 살아남기 위해선 열심히 해야 하고, 성공하기 위해서는 남들보다 뛰어나야 한다는 생각이 보편화되고 있다.

이러한 사회 분위기 속에서 많은 사람들은 발전과 성공을 위한 가장 기본적인 길을 망각하고 타인이 정해주는 길을 따라 적당히 살아가겠다는 모습을 보여주고 있다. 이러한 사회 분위기와 함께 기업 경영도 어려운 환경이 되어 많은 경영자들이 경영환경이 녹록지 않다며 고개를 젓고 있는 상황이다.

하지만 우리에게 어려운 시기가 이번이 처음은 아니다. 50년대 6·25전쟁, 60년대 더없이 가난했던 보릿고개, 70년대 오일쇼크 등을 거쳐 1997년 IMF 외환위기에 이르기까지 우리는 갖가지

어려움을 경험한 기억이 있다. 필자 역시 그런 지난至難한 세월을 정통으로 겪은 경험이 있다. 그렇지만 어떤 상황에서도 포기하지 않고 오직 잘살고 싶다는 일념이 있었기에 현대자동차그룹의 구성원이 되었고, 조직의 성장에 기여하였으며, 동시에 함께 성장하여 사내강사로서 어릴 적부터 꿈꾸었던 가르침의 길에 서게 되고, 많은 사람들의 성공과 성장에 조금이나마 이바지하게 될 수 있었던 것이다.

그렇다면 필자의 인생을 이렇게 극적으로 변화시킨 힘은 무엇이었을까? 그것은 바로 현실에 안주하지 않고 단순한 일등이 아닌 일류, 일류를 넘어선 장인이 되겠다는 마음, 그리고 내면을 변화시키는 배움의 멘토가 있었기에 생겨난 힘이라고 할 수 있을 것이다.

이야기는 필자의 어린 시절로 거슬러 올라간다. 필자는 어려운 가정형편으로 초등학교만 간신히 졸업한 후 바로 생업 전선에 뛰어들어야 했다. 어릴 땐 우동집과 요정에서 잡다한 일들을 도맡았고, 성장한 후에는 직업군인으로서 가족의 생계를 책임져야만 했다. 그 일이 조금씩 몸에 밸 즈음, 신문에 난 정주영 현대그룹 회장의 기사가 큰 충격을 주었다. 현재 생활에 그럭저럭 만족하여 한계를 깨려는 노력은 하지 않았던 나와 어려운 환경에서도 굴하지 않는 의지로 성공을 한 정주영 회장님의 모습이 자연스럽게 비교되어 보였던 것이다.

'나도 노력하면 지금까지 생각해보지 못한 새로운 삶을 살 수 있겠구나.'

'I CAN DO!'

'좋아! 안정보다 비전을!'

　그러한 경험을 통해 새로운 꿈을 갖게 되었다. '나도 잘살 거야!' 이후 끊임없는 노력을 통해 현대자동차서비스에 생산직 직원으로 입사할 수 있었으며 그곳에서 만난 정몽구 현대차 회장님의 리더십에 큰 감동을 받아 정주영 회장님, 정몽구 회장님 두 분을 롤 모델로 삼아 노력해야겠다는 결심을 했다. 그 후 많은 일들이 있었고 시간이 흘러 필자는 퇴직을 하게 되었지만 기업교육 담당 강사가 되어 회사와 직원들에게 인정받는 강의로 제2의 인생을 개척할 수 있게 되었다.

　이렇게 가난하고 약한 우동집 심부름꾼 소년에 불과했던 필자를 지금의 인생으로 이끌어 준 정몽구 현대자동차 회장의 '성공 DNA'는 험난한 시대를 관통하는 모든 사람들, 특히 막 사회라는 정글에 뛰어든 청년들이 삶의 방향을 찾는 데에 든든한 멘토가 되어 줄 것이다.

　그렇기에 필자는 정몽구 회장의 '성공 DNA'를 5가지 핵심가치로 먼저 분류했다. 5가지 핵심가치는 바로 고객 최우선, 도전적 실행, 소통과 협력, 인재 존중, 글로벌 지향이라고 할 수 있다. 그리고 위 다섯 가지의 핵심가치를 확립하고 실천하는 데에 근간이 되는 요소는 정몽구 회장의 9가지 강점 리더십이다.

　누구나 최고가 되고 싶어 한다. 하지만 최고가 되는 방법은 쉽사리 이야기하지 않는다. 필자는 지난한 어린 시절에서부터 지금까지의 성장에 비춰 생각해 볼 때 최고가 되는 방법 중 가장 효과적이고 중요한 방법은 '최고에게 배우는 것'이라고 생각한다.

　대부분 사람들은 정몽구 회장은 단순히 '금수저를 갖고 태어난 사람'이라고 이야기할 것이다. 그러나 금수저로 태어났다고 해서 모두 성공하는 것은 아니다. 기업을 이끄는 일은 생각만큼 쉽지 않다는 것은 오랫동안 회사생활을 경험하면서 깨달은 큰 교훈이다. 노력하지 않는 리더는 자신뿐만 아니라 직원들까지 불행에 빠뜨리기 때문이다. 즉 글로벌 기업 위기의 어려운 상황 속에서도 현대자동차그룹의 생존과 성장을 도모하여 세계적인 자동차 기업으로 만들어낸 정몽구 회장의 5가지 핵심가치와 9가지 강점은 많은 이들에게 최고의 멘토가 되어 줄 것이다.

　이 혼란스러운 시대에 기업을 지속적으로 발전시키기 위해 중요한 결단과 비전을 제시하는 정몽구 회장의 혁신적 강점 리더십과 현대차의 5가지 핵심가치가 담긴 이 책이 모쪼록 여러분들의 가정은 물론, 기업과 일터에서 성공적인 리더십을 발휘하는 데 도움이 될 수 있기를 바란다.

차례

Part 3 How: 최고가 되려면 최고에게 배워라

Part 1

Why:
왜 지금
최고인가?

이젠 일등이 아니라 일류다

초超 격차시대! 경쟁하지 말고 독점하라!

이젠
일등이 아니라 일류다

필자는 '이젠 일등이 아닌 일류를 꿈꿔라.'는 이야기를 자주 한다. 이런 이야기를 하는 건 영원한 일등이라는 게 없기 때문이다. 즉, 일등은 언젠가 그 자리를 내주어야 하지만 일류는 그렇지 않다. 일등과 일류의 구분은 칼로 나누듯 정확하지는 않지만, 굳이 구분하자면 다음과 같다.

* 일등은 치열한 경쟁을 해서 얻은 것이지만 일류는 자기와의 싸움을 하는 일이다.
* 일등은 서열을 추구하지만 일류는 품질을 추구한다.
* 일등은 남을 의식하지만 일류는 자신을 의식한다.
* 일등은 양의 개념이지만 일류는 질의 개념이다.
* 일등은 숫자지만 일류는 우직함이다.
* 일등은 '순간'이지만 일류는 '지속'이다.

* 일등은 'No. 1'이지만 일류는 'Only 1'이다.
* 일등은 '경쟁'하지만 일류는 '독점'한다.
* 일등은 '성공'이지만 일류는 '성취'다.
* 일등은 눈에 보이는 '이익'을 추구하지만 일류는 '삶의 의미'를 추구한다.
* 일등은 '메달'을 생각하지만 일류는 '기록'을 생각한다.
* 일등은 '개선'에 포커스를 두고 일류는 '새로운 것'에 포커스를 둔다.

이런 이야기를 한마디로 압축하자면 최고는 '현상'이 아니라 '본질'이다. 필자가 강조하는 '일류'라는 개념을 좀 쉽게 소개하기 위해 두 편의 글을 소개한다. 하나는 동아일보 박소영 기자의 글이고, 다른 하나는 핸 인 햄버거 오 건 대표의 글이다. '일류의 의미는 무엇인가?', '진정한 최고란 무엇인가?'를 잘 시사하고 있다.

스토리 하나

일본 오사카大阪부 사카이堺시의 작은 밥집 '긴銀샤리야 게코테이亭'
'샤리'는 일본어로 흰 쌀밥을 의미한다. '은 밥집'이란 뜻이다. 허름한 슬레이트 건물이지만 일본에서 가장 맛있는 밥을 파는 가게로 통한다.

주인인 무라시마 쓰토무(村嶋孟 · 78) 씨는 1963년 이곳에 밥집을 열었다. 지금까지 45년 넘게 한결같이 밥을 지어온 밥 짓기 명인이다. 쌀을 손끝으로 만져보면 그날의 밥맛을 알 수 있을 정도다. 어린 시절 전쟁으로 모든 것을 잃고 잡초를 뜯어먹어야 할 정도의 배고픔을 경험한 그는 32

살에 다니던 방직회사를 그만두고 아내와 함께 밥집을 열었다. "모든 사람에게 맛있는 밥을 먹이고 싶다."라는 게 이유였다.

그날 이후 무라시마 씨는 매일 새벽 4시에 어김없이 일어나 밥을 지었다. 먼저, 쌀을 씻어 30분 정도 물에 담가 불린다. 그리고 1시간가량 쌀을 체에 밭쳐 쌀 속까지 수분이 배도록 한다. 불린 쌀을 밥솥에 담고 커다란 국자로 물을 조절한다. 이때 물 대중이 이 집 밥맛의 비밀이다.

밥솥을 가스 가마에 올리고 센 불로 밥을 짓는다. 무라시마는 밥솥 앞을 지키고 서서 증기와 이중 솥뚜껑이 흔들리는 정도에 따라 불을 조절한다. 불을 끈 뒤에는 솥을 옮겨 뜸을 들인다. 커다란 나무통에 밥을 옮겨 담고 수분을 날리면 폭신하면서도 윤기가 흐르는 밥이 완성된다.

이렇게 지어진 밥은 오전 9시부터 점심 영업이 끝나는 오후 2시 무렵까지 손님상에 오르며 하루 약 200인분을 낸다. 주중에는 인근 직장인들이 대부분이지만 주말에는 다른 지방에서 찾아온 가족단위 손님이 많다. "집에서 평소 밥을 먹지 않는 아이들도 이곳에만 오면 한 그릇을 뚝딱 비운다."라는 단골손님들의 칭찬이 가장 큰 보상이다.

촉촉하면서도 밥알 하나하나가 살아 있는 이 집 밥맛의 비결을 배우기 위해 전기밥솥 개발자와 도쿄 쓰키지築地의 초밥집 주인들이 찾아와 조언을 구할 정도다. 그의 밥을 먹어본 식도락가들은 일본 다도의 창시자인 '센노리큐千利休'를 본따 그를 '밥집의 센노리큐'로 부른다. 생선구이와 계란말이 등 30가지 반찬을 부인과 두 아들이 만들어 밥과 함께 낸다. 손님들이 밥과 미소시루(된장국), 원하는 반찬을 골라 먹는 뷔페식이다.

그는 쌀밥에 관한 한 까다로운 원칙주의자다. 각각 생선과 고기반찬을 담당하고 있는 두 아들이 한 가게에서 일하고 있지만 "밥에 반찬 냄새가 밸 수 있다."라는 이유로 밥 짓는 근처에도 오지 못하게 했다.

또한 "여름 쌀은 맛이 좋지 않다."라며 매년 6월부터 8월까지 석 달간은 가게 문을 닫고 장기 휴가를 떠난다. 한때 유명 백화점에서 지점을 낼 것을 권유했지만 "내 눈앞에서 손님들에게 낼 수 있는 음식이 아니면 받아들일 수 없다."라는 이유로 거절했다.

그러나 정작 쌀은 품종을 가리지 않는다. 곳곳의 농가에서 써 달라며 보내오는 쌀을 간혹 쓰기도 하지만, 대개는 개업 때부터 거래하고 있는 쌀가게 주인이 매일 저녁 갓 찧어 보내주는 쌀 40kg을 그대로 쓴다. "밥 짓는 건 내가 최고일지 모르지만 쌀 고르는 것은 쌀가게 주인이 최고"라는 이유에서다.

밥 짓는 노하우를 물어보는 사람에게는 꼼꼼하게 비결을 알려준다. 하지만 "전수할 만한 기술이 아니다."라며 대를 이을 제자는 두지는 않았다. 매주 한 차례 이상 등산을 하고 매일 2시간씩 골프연습장에서 스윙 연습을 하며 체력을 단련하고 있지만 여든을 바라보는 요즘은 새벽에 일어나서 일하기가 부쩍 힘들다.

얼마 전 그는 가게 안에 '50년의 맛, 전수합니다.'라는 안내문을 붙였다. 제자를 받기로 한 것이다. "언제까지나 맛있는 밥을 먹고 싶다. 어떻게든 그 기술을 후세에 남겨달라."는 단골손님들의 요청을 받아들인 것이다. 무라시마는 "흰 쌀밥과 미소시루는 일본인의 영혼을 채우는 음식"이라며 "밥 짓기 기술을 진지하게 배울 의욕이 있는 사람에게 손맛을 전하고 싶다"라고 말했다.(동아일보 발췌)

스토리 둘

무더운 휴가철 건강히 잘 지내고 계시는지요! 저는 지난주 중국 심양에 짧은 출장을 다녀왔어요. 올 가을, 심양 서탑에 작은 매장을 새로 오픈하거든요. 거창하지는 않지만, 중국시장에 첫 발을 내딛는 것이지요. 오늘은 이번 출장 동안 새로이 느낀 것들에 대해 간략하게나마 이야기해 보려 합니다.

음식이 굉장히 발달해 있는 중국이기에, 버거 혹은 패스트푸드도 수준이 높지 않을까 예상했습니다. 그래서 저는 버거 가게가 아니라 고기를 직접 다루는 우+시장을 먼저 갔습니다. 버거를 어떻게 파는지보다, 중국에서는 과연 어떤 고기로 버거를 만드나 궁금해서였지요. 한국에서 우리의 버거 재료가 되는 고기 부위를 기준으로 물어봤어요. 가격이 어떻고, 유통채널은 어떠한지에 대한 전반적인 이야기였죠. 예닐곱 군데를 돌아다녔습니다. 다 똑같은 말을 합니다. '대체 어느 나라에서 왔기에 이런 좋은 부위로 버거를 만들어요? 버거 패티, 그거 갈아서 쓰는 거 아니야? 그럼 그냥 싼 막 고기 갈아서 써요, 중국은!'이라는 말을 하며 이상한 사람 취급을 하더군요.

그때 머리가 번뜩했습니다. '이야, 이 싼 가격에 패티를 만들어 팔 수 있다고? 중국시장 대박이겠구나!' 아쉽지만 이런 생각은 아니었고요! '한국에서처럼 이런 괜찮은 부위로 버거를 만드는 사람이 '아무도' 없다는 거지? 오케이, 그럼 나만 한다는 말이 된다 이거야.' 하며, 제대로 된 고기를 써서 그들이 먹어보지 못한 버거를 만들면 되겠다 싶었어요. 우시장에서 고기 부위와 단가를 확인해 보니 한국에 비해 조금은 저렴하더라고요. 새벽 야채시장에도 들렀습니다. 버거에 들어가는 주요 야채 가격을 알아봤어요. 이것들 역시 한국보다 저렴했습니다. 깨끗하게 만들어진 대형백화점 푸드 코트에서 판매하는 한 끼 식사들의 가격을 보고, KFC와 같은 글로벌 프랜차이즈의 상품가격도 확인했습니다. 아무리 좋은 고기를 써서 만든다 해도 터무니없이 높은 가격으로는 시작이 힘들 것 같아서였어요. 한국 판매가격을 기준 삼아 중국 현지 판매가격을 고민하고 있습니다.

가능할 것 같아요. 중국에서 그들이 경험해보지 못한 버거를 적당한 가격에 판매할 수 있을 것 같습니다. 물론 생각만큼 쉽지 않겠지요? 야채시장 그리고 고기시장이 우리나라만큼 규격화가 잘 되어있지 않아요. 식자재를 들이고 손질하는 데 분명 손이 더 갈 것이고, 치즈와 같은 수입물품들이 한국보다 구하기 힘드니, 더 발품을 팔아야 할지도 모릅니다.
그런데 가능성이 보여요. 왜, 아무도 시작하지 않았거든요. 다른 무슨 대단한 것을 찾아야지만 블루오션일까요? 남들이 시도하지 않았습니다. '손이 많이 가고', '이윤이 많이 남지 않고' 등등 여러 이유들로 시작하지 않았을 거예요. 저번 주에 쓴 글에서도 말씀드렸지만 쉬운 길만 찾다 보면 남들이랑 같을 수밖에 없어요. 남들이 하는 것을 따라 하면 중간은 가겠지요. 헌데 '누군가 처음 해냈다.'라고 하는 프라이드는 평생 가져보지 못할 거예요. 그 '프라이드'라고 표현하는 것들이 사업에 있어서는 로열티가 되고요. 남들이 흉내 낼 수 없는 자부심 말입니다. 또한 갖은 고생을 통해서 남들이 시도하지 않았던 분야에 첫 결과물을 만들어 내면 쉽지 않지만 느리게, 느리게 대중들에게 인정을 받아요. 처음에는 안 된다고, 뭣하러 그 고생을 사서 하냐고 했던 사람들이 대단하다며 칭찬을 서슴지 않습니다.(핸 인 햄버거 오 건 대표. 조인스 닷컴 발췌)

어째서 누군가는 일등을 추구하고 누군가는 일류를 추구할까? 여러 가지 이유가 있겠지만 근본적으로는 자신이 하는 일에 대한 자세 탓이라고 생각한다. 그러니까 자신이 하는 일에 목표가 있으면 일류의식이 생기고, 없으면 안 생긴다는 것이다. 이런 말이 있다. "연극이 끝나면 관객은 외투부터 챙기고, 주인은 빗자루를 찾는다." 한번 생각해볼 만한 부분이다.

그렇다면 '일류 의식'이란 무엇일까? 자신이 하는 일에 대한 자세다. 역사가 120년이나 되는 일본의 한 호텔 이야기다. 이 호텔 역시 도어맨이 있다. 그래서 호텔에 차가 들어오면 여느 호텔처럼 승용차 문을 열어준다. 경력 7년차인 이 호텔의 도어맨은 주요 손님을 맞이할 때 "김철수 사장님! 어서 오십시오!"라면서 이름과 직함을 함께 부른다. 이 도어맨이 기억하는 손님은 무려 300여 명이 넘는다고 한다. 더욱이 이 호텔엔 손님 1만 명의 얼굴을 기억하는 도어맨도 있다고 한다.

이뿐만이 아니다. 이 호텔의 서비스는 남다르다. 손님이 체크 아웃한 뒤에도 객실에서 나온 쓰레기를 하루 이상 보관한다. 혹시 손님이 깜박하고 잘못 버린 메모지라도 다시 찾을 경우에 대비해서다. 호텔 바에서 일하는 바텐더는 술잔을 리필 할 때 고객이 원래 놓았던 술잔의 위치를 정확히 기억해 똑같은 자리에 놓을 정도로 고객을 배려한다. 사소한 것이지만 그곳에 진심을 담아 서비스를 하면 이야기가 달라지는 것이다.

서비스 정신, 서비스 정신 하는데 필자는 그 본질은 진심에서 우러나오는 친절이라고 생각한다. 그런데 이것이 주인의식이 없으면 불가능하다고 본다. 결국 주인의식의 본질은 사소한 것이라도 남다르게 여기는 자세이며 나아가 '자신이 하는 일에 집중하는 힘' 즉 집중력이라고 생각하는 것이다. "지금 누구를 위해서 일을 하십니까?" 이 질문에 대한 대답을 한번 마음속 깊이 생각해보았으면 한다. 다음은 파일럿 워치의 대명사 '브라이틀링'의 장 폴 지라르댕 부회장의 말이다.

완벽한 제품을 만들기 위한 노력은 완벽한 환경을 조성하는 것에서 시작한다. 스위스 그렌첸Grenchen의 시계 제조업체 브라이틀링Breitling 본사는 이탈리아 대리석, 특수한 나무, 알루미늄 등 최고급 자재를 사용한다. 또 100% 크로노미터 인증을 위해 온도, 미세먼지, 습도 등을 조절할 수 있는 시설을 갖췄다. 시계업계 최초로 한 시간에 여섯 번의 공기 정화, 온도 22도, 습도 25%를 항상 유지할 수 있는 제작 시스템을 구축한 것이다.(매일경제 발췌)

그렇다면 일류의식을 배양할 수 있는 노하우는 없을까? 물론 있다. 3-I(나) 전략이다. 이름 하여 '나! 나! 나!'이다.

첫째, I=Job이라는 생각을 하라. 나 자신이 그 직업이라는 것이다. 그런데 보통 사람들은 이런 생각을 하지 않고 그 일을 마지못해 하기 십상이다. 이렇다 보니 하는 일에서 흥을 만들어 낼 수 없는 일이다. 더군다나 하는 일에 '주인의식'이 생길 리가 없다. '일류의식'은 누가 만들어 주는 게 아니라 자신이 만들어 가는 것이다.

둘째, I=First이다. 이 말은 지금 하는 일은 '내가 국내 최초, 나아가 아시아 최초, 세계 최초'로 한다는 자세다. 이렇게 되면 일에 대한 자세나 생각이 업Up이 될 수밖에 없을 것이다. 자신이 하는 일 즉 업業을 업Up으로 만드는 사람만이 성공이란 열매를 만들어 간다고 보면 된다. 자부심은 이런 자세에서 자발적으로 자라는 것이다.

셋째, I=Best다. 이왕 하는 일이라면 최고는 아니더라도 최선을 다하는 것이다. 우리네 속담에 "지성이면 감천이다."란 말처럼 자신이 하는 일에 '최선'을 담으면 그것이 나중엔 '최고'가 되기 때문이다. '최선' 없이 '최고'가 되는 일은 없다.

나이가 들어 은퇴를 준비하는 목공이 있었다. 사장은 오랫동안 열심히 일한 것에 대한 감사를 표시하며 마지막으로 한 채의 집을 더 지어줄 수 있겠느냐고 물었다. 그러나 목공의 마음은 이미 일을 떠나 있었기 때문에, 성의 없이 좋지 않은 재료를 가지고 대충대충 집을 지었다. 집이 완성되자 사장은 수고했다고 하면서 "이 집은 자네 것일세. 그동안 정말 고마웠네. 자네 수고에 비하면 아무것도 아니지만 이 집은 내가 자네에게 주는 마지막 감사의 선물일세."라고 했다. 아뿔싸! 목공은 말을 잇지 못했다. 많은 사람들이 이 같은 실수를 저지르고 있다고 생각한다. 당신도 이 부분에선 절로 무안함을 느끼게 될 것이다.

"지금 누구를 위해 일하는가?" 오늘 자문자답을 해보자. 그리고 이런 생각을 해보자.

하는 일로 '일등'을 하려고 하지 말고 '일류'가 되려고 노력하라!

초超 격차시대!
경쟁하지 말고 독점하라!

　육상경기 종목 중 높이뛰기라는 게 있다. 1960년대 높이뛰기 선수들에겐 2m에 달하는 바를 넘는 게 큰 도전이었다. 말하자면 높이뛰기 선수들에겐 '별'이 되기 위해선 꼭 넘어야 할 큰 '벽'이 아닐 수 없었다. 미국 높이뛰기 선수 딕 포스베리Dick Fosbury에게도 이건 매한가지였다. 대개 사람들은 어떤 장벽에 부딪치게 되면 이내 포기하기 마련인데 딕 포스베리는 남달랐다. 1968년 멕시코 올림픽 결승전에서 그는 예전 방식과는 전혀 다른 방법으로, 즉 새로운 기술로 도약을 해서 금메달을 목에 건다. 바로 배면뛰기를 한 것이다.

　그가 보여준 '배면뛰기'는 높이뛰기 경기 역사상 전혀 볼 수 없었던 신기술이었다. '배면뛰기'는 가로로 달려가서 몸을 비틀어 머리부터 바를 뛰어넘는 방식이다. 포스베리 이전까지는 바를 양다리로 걸터타듯이 뛰어넘는 가위뛰기가 대부분을 차지했다. 그

는 이 기술로 결승전에서 경쟁자들을 당당하게 물리치고 2.24m
의 바를 넘어 올림픽 신기록을 달성한다. 그의 이름을 따 '포스베
리 플랍Fosbury Flop'으로 불리는 이 기술은 50여 년이 지났는데도
모든 선수들이 사용하고 있다.

우리나라 체조선수 양학선도 마찬가지다. 런던 올림픽 체조경
기 도마 종목에서 보여준 그의 기술은 양 선수만이 할 수 있는 것
인데 공중에서 3바퀴, 즉 1,080도를 도는 것이다. 양 선수는 그
누구도 생각조차 못 한 소위 미친 도전을 해 성공한 것이다. 이
기술은 양학선 선수의 이름을 따서 '양1'이라고 부르는데 어느 누
구도 따라 할 수 없다고 한다. 그는 '양1'보다 난이도가 높은 '양2'
라는 기술도 보유하고 있다고 한다.

이처럼 한 분야에서 최고가 된 이들에겐 하나의 공통점이 있
다. 그들은 누구도 모방할 수 없는 기술을 개발함으로써 이 세상
최초the first, 유일함the only, 최고the best를 이뤄 낸다. 그렇다면 당
신이 지금 하는 일로 최고가 되려면 어떻게 해야 할까?

첫째, 디테일, 즉 세밀한 완성도로 승부한다. 성우 배한성 씨
는 늘 대본이 너덜너덜하다고 한다. 이런 탓에 주위로부터 핀잔
을 듣는다. 왜 그럴까? 방송을 앞두고 자신의 대본에다 무엇인가
생각나는 게 있으면 빼곡하게 적어가기 때문이다. 말하자면 자신
의 일을 철저하게 준비하는 것이다. 국민배우 송강호 씨는 대본

이 세 개나 되는 것으로 유명하다. 대본이 세 개나 되는 이유는 그가 촬영을 앞두고 그만큼 준비를 철저하게 한다는 이야기다. 말하자면 이 두 사람은 남다른 디테일Detail로 최고가 된 것이다. 성공하는 이들은 자신의 One Thing에 집중한다.

둘째, 쉬운Easy 길을 가지 않는다. 혹시 '날개 없는 선풍기'를 본 적이 있는가? 이 선풍기를 개발한 사람은 영국의 다이슨 사를 창업한 제임스 다이슨James Dyson이다. 그는 이 선풍기를 개발하기 위해 수천 번의 실패를 했다고 한다. 영국 다이슨 회사에는 이런 말이 붙어 있다. '전기를 이용한 최초의 선풍기는 1882년 발명됐다. 날개를 이용한 그 방식은 127년간 변하지 않았다.' 127년간 어느 누구도 생각지 않은 어려운 길을 택해서 이 세상 최초로 '날개 없는 선풍기'를 발명한 것이다. '야구의 신'으로 불리는 김성근 감독의 말도 있다. "어떤 길로 가야 하는지 헷갈릴 때는 어려운 길을 택하라" 쉬운 길을 가면 나태해지지만, 어려운 길을 가면 성장할 수 있다는 메시지다.

셋째, 재능보다 노력이다. 세계 정상의 프리마돈나 신영옥의 말이다. "재능보다 노력이었죠. 데뷔 전까지 맑은 목소리를 내는 연습에만 매달렸으니까. 기본기를 다져놓은 셈이죠. 게다가 오페라단에서 저를 너무 높게 샀어요. 자꾸 잘한다고 하니까 칭찬받고 싶어서 결국 연습하고 또 하고. 단어 하나에 거품이 날 때까지요. 아침 10시 리허설을 한다 하면 새벽부터 일어났죠. 가끔은 정말 관두고 싶더라고요. 그래도 '날개만 달아주면 천사의 목소리', '영옥이 좀 봐라' 이런 소리를 하는데 노력을 안 할 수가 있나요."

넷째, 오답 노트를 만든다. 그런데 좀 색다른 제안을 하고 싶다. 바로 일터의 오답 노트를 만들어 보라는 것이다. 학창시절 공부를 잘하는 친구들은 다들 남다른 노트를 갖고 있었는데 그게 바로 '오답 노트'였다.

학생에게 공부가 본질이라면 당신에게 본질은 바로 일과 일터다. '오답 노트'는 어떻게 만드는 것일까? 3천 원 정도 하는 노트를 하나 장만한 뒤에 다음에 그 표지 위에 '일터의 재발견'이라고 써라. 당신이 하루 종일 있는 일터에서 일어났던 잘못된 일들은 메모하고 그를 개선할 수 있는 아이디어를 적어보아라. 아마 당신의 '성공 뱃살'이 빵빵해지면서 '지적 근육'도 탄력을 받을 것이다.

다섯째, 비싼 수업료를 지불한다. 한국이 낳은 세계적인 소프라노 조수미 씨의 이야기다. "성악가의 삶이란 힘들다. 술도 담배도 안 되고 노래하기 전 튀김이나 찬 음식, 뜨거운 음식을 먹어도 안 된다. 피곤해도 안 되고 아파도 안 되고, 목이 메면 안 되니까 슬픈 장면을 봐서도 안 되고 울어서도 안 된다. 너무 많이 먹어도 안 된다. 이 운명이 때론 지독하다고 생각하지만 다른 도리가 없다! 이미 노래가 없으면 살 수가 없는 그런 사람인 걸… 노래는

내 인생이고, 바로 조수미다." 굳이 설명을 덧붙인다면 최고의 자리에 있는 이들은 이런 아픔을 겪는다. 말하자면 '벽'을 넘기 위한 비싼 수업료를 지불하는 셈이다.

여섯째, No. 1이 아니라 Only 1을 추구한다. 마라톤대회에 수많은 선수들이 참가한다. 그들 중엔 오직 금메달을 따기 위해 달리는 선수가 있고 이들과 달리 세계기록을 경신하려고 하려는 이들도 있다. 이들에겐 목표가 다르기 마련이다. 기록 경신이 목표인 선수는 금메달을 따더라도 거기에 만족하지 않는다. 그는 자신의 목표인 기록 경신을 위해 부단히 노력해간다. 이렇다 보니 남을 따라 하지 않고 자기만의 성공방정식을 만들어가는 것이다. 그리고 정성을 들인다. 결국엔 한 분야에서 남들에게 영향을 주는 존재, 모두에게 영향을 주는 최고의 존재가 된다. 이것이 최고가 되려는 사람들이 No. 1의 길을 접고 Only 1의 길을 걷는 이유다.

다음은 고려대 허태균 교수의 〈2등은 어떻게 만들까 고민하고, 1등은 무엇을 만들지 고민한다〉라는 글의 일부다.

사실 지난 몇십 년간 우리의 경험은 물건에 종속되어 왔다. 더 나은 물건이 더 나은 경험을 제공해 주었다. 불과 10여 년 전만 해도 한국산, 일본산, 중국산 TV를 놓고 브랜드를 모두 가리더라도 화면만 보면 우리는 그것들을 구별할 수 있었다. 기술이 인간의 경험을 좌우하는 시대였기 때문이다. 그래서 한국 사회는 기술에 열광하며 선진 기술을 따라잡기 위해 모든 노력을 기울였다. 우리만 그런 것이 아니라 모든 나라가 그랬다. 그 결과가 어떻게 됐나? 이제는 기술이 너무 고도화되고 평준화돼 더 이상 기술에 따라 경험의 차이가 만들어지지 않는 세상이 되고 말았다. 이제는 브랜드를 가리면 어느 누구도 TV가 어느 나라 제품인지 알 수 없어졌다는 얘기다.

이런 기술의 한계를 가장 먼저 예견하고 우리에게 처절하게 알려준 사람이 바로 스티브 잡스이다. 그가 내놓아 세상을 뒤집어 놓은 아이팟, 아이폰, 아이패드는 기술력 측면에서 본다면 결코 우리가 만들 수 없었던 제품이 아니었다. 우리도 충분히 만들 수 있는 기술력이 있었다. 그렇기에 삼성전자와 LG가 그렇게 빨리 따라 만들 수 있었다.

문제의 본질은 기술이 아니었다. 문제는 우리가 뭘 만들어야 하는지를 몰랐다는 데 있다. 어떻게 만드느냐 이전에 뭘 만들어야 하는지에 대한 통찰력이 우리에게 없었다는 것이다. 이것이 바로 2등fast follower과 1등first mover의 차이다. 지난 몇십 년간 우리는 남이 만들어서 잘되는 것을 따라 만들면서 성장했다. 하지만 이제는 그런 방법이 한계에 도달했다. 우리보다 훨씬 싸게, 더 잘 따라 만드는 나라가 세상에 널렸다.(중앙일보 발췌)

이제 눈을 당신에게로 돌려보자. 혹시 자신의 일에 있어 '벽'을 넘고 '별'이 되고자 하는가? 즉 최고가 되고 싶은가? 그런데 먹고 사는 일은 '취미'처럼 하고 취미를 먹고사는 '일'처럼 하고 있지 않는가? 이 세상에 공짜는 없다. 성공하려면 먹고사는 일을 취미처럼 해서는 안 된다. 벽은 만만한 게 아니고 더욱이 별은 아무나 되는 것은 아니다. 벽을 힘차게 넘어라! 그래야 별이 된다. 치열한 경쟁사회에서 최고만이 생존할 뿐이다. 마음속으로 이렇게 힘차게 외쳐라! "최초the first! 유일함the only!! 최고the best!!! 지금은 超 격차시대다.

Part 2

What :
최고란
무엇인가?

혼魂 – 최고는 열정으로 승부한다

도道 – 최고는 새로운 길을 만든다

준準 – 최고는 표준을 만든다

강强 – 최고는 강점을 추구한다

본本 – 최고는 기본을 지킨다

혼魂
최고는 열정으로 승부한다

대개 대박이 터지거나 한 분야에서 성공하는 이들을 보고 보통 사람들은 그들의 성공 요인 중 하나를 '운'으로 보는 경향이 많다. 물론 무리가 가는 이야기는 아니다. 성공한 이들의 20%는 '운'이 많이 작용했다는 조사 결과가 있으며 많은 사람들이 '운칠기삼'이라는 유명한 표현으로 '운'의 중요성을 이야기하곤 한다. 하지만 과연 성공을 '운'으로만 돌릴 것인가? 그렇다면 왜 성공한 이들은 '운'과 코드가 맞은 것일까? 이것을 한번 찾아보기로 하자.

한국이 낳은 세계적인 발레리나 '강수진'(강수지)에 대한 이야기다. 그녀는 세계적으로 유명한 독일 슈트가르트 발레단의 내한 공연 〈카멜리아의 연인〉에서 주인공인 마그리트 역을 맡아 관객으로부터 열광적인 갈채를 받은 바 있다. 사실 동양인이 발레리나로 성공하기는 말처럼 쉬운 게 아니라고 한다. 그녀가 유럽무

대에서 동양인에 대한 편견을 극복하고 발레단의 간판스타로 세계적인 명성을 얻기까지는 얼마나 많은 눈물을 흘리며 노력했을까는 불문가지의 사실일 것이다.

그녀가 춤의 완성도를 높이기 위해 얼마나 고통스럽게 수련을 했는지는 그녀의 발이 단적으로 말해주고 있다. 필자는 그녀의 발을 TV를 통해 보았는데 발가락 마디마디에 굳은살이 박이고 정말 보기 흉할 정도로 일그러져 있었다. 흔히 사람들은 성공한 사람들의 웃음만 보기 십상이다. 하지만 진짜 성공은 겉으로 나타나는 웃음이 아니라 그간 흘린 눈물의 결과라는 것이다.

폴란드 출신의 음악가인 루빈스타인Artur Rubinstein은 피아노 하나로 세계를 석권한 사람이다. 그는 12세 때 피아노를 시작해서 투철한 예술 정신과 연주로 세계인을 감동시켰다. 특히 그는 연습벌레로 소문이 나 있었다. 어느 날 기자가 그를 찾아와 다음과 같은 질문을 했다. "루빈스타인 씨! 당신이 세계 정상에 오르게 된 비결이 있다면 무엇입니까?" 이 질문에 그는 이렇게 대답했다. "자기 세계를 다른 사람에게 인정받기 위해서는 피나는 연습이 있어야 합니다. 만일 제가 하루 연습을 안 하면 제 자신이 알고, 이틀을 안 하면 친구가 알며, 사흘을 안 하면 청중이 압니다."

프로야구 시즌이 시작되면 야구 애호가들은 프로야구 선수들의 기록 행진에 대해 관심을 쏟기 시작한다. 그런데 우리나라 프로 야구선수 중 '기록제조기'라는 별명을 가진 선수가 있다. 그 주인공은 바로 한화 이글스의 타자였던 장종훈 선수다. 그는 타자로서 전 분야에 걸쳐 국내 야구 역사에 남을 각종 기록을 갖고 있다. 그런데 '기록제조기'로 불린 장종훈 선수 역시 초라한 연습생 신분으로 출발했다. 연습생으로 출발해 오늘날 위대한 족적을 남겼다는 점이 바로 우리가 주목해야 할 점이다. 그에게 오늘이 있기까지는 피땀 어린 각고의 노력이 있었다. 그가 감당해야 했던 인고와 역경이 어떠했는지는 그의 손이 잘 대변해주고 있다. 갈라지고 터지고 아물기를 반복하며 생긴 굳은살투성이인 그의 손은 보는 이의 가슴을 뭉클하게 한다.

〈햄릿〉으로 유명한 존 베리모어John Barrymore라는 배우가 있었다. 한 신문기자가 어느 날 밤 57회째 공연을 마친 존 베리모어를 인터뷰하기 위해 무대 뒤로 그를 찾아갔다. 그 기자는 리허설이 끝날 때까지 1시간 반을 기다려야 했다. 그 위대한 배우가 나타나자 기자가 이렇게 질문을 했다. "베리모어 씨! 당신은 브로드웨이에서 이미 56번이나 공연을 하지 않았습니까? 여전히 리허설을 하다니 정말 놀랐습니다. 왜 리허설을 합니까? 당신은 가장 위대한 햄릿 배우이자 무대 위의 천재인데 말입니다."

이 말에 그는 배가 끊어져라 웃으면서 이렇게 말했다. "기자 양반, 진실을 알고 싶소? 브로드웨이에 처음 입성한 후 5개월간 나는 하루에 9시간씩 대본을 읽었소. 읽고 또 읽고 연구하고 암기

했소. 그럼에도 나는 그걸 절대로 외우질 못할 것이라고 생각했고, 몇 번이나 그만두고 싶었소. 내가 등장하는 장면을 망칠 것이라고 생각했고, 연기를 시작한 게 실수였다고 생각했소. 일 년 전까지만 해도 나는 연기를 그만두고 싶었는데 이제는 사람들이 나를 천재라고 부르고 있으니 우습지 않습니까."

미국 야구 선수 중 도루왕인 타이 콥Tyrus Raymond Cobb 선수를 모르는 미국인은 거의 없다. 그러나 비율상으로는 맥스 캐리Max Carey 선수가 훨씬 나은 도루 능력을 지니고 있다. 1922년 맥스 캐리는 53번의 도루를 시도해 51번 성공했다. 도루 성공률 96%! 그야말로 경이적인 성공률이 아닐 수 없다. 그러나 타이 콥은 1915년 시즌에서 총 134회의 도루를 시도해 96회를 성공시켰다. 71%의 성공률에 미치지 못한다. 그럼에도 불구하고 미국인들은 타이 콥이라는 선수만을 기억한다. 많은 실패를 무릅쓰고 타이 콥이 캐리보다 81회나 더 시도해 이룩한 기록이기 때문이다.

또한 유명한 축구 감독인 '뉴트 로큰'이 세일즈맨을 위한 특강에서 한 이야기가 있다. "노틀담에는 대학 대표 축구선수들과 신참 선수들을 포함해서 약 300명에 달하는 젊은이들이 있습니다. 그들은 기본기 훈련을 하는데 이 다양한 기본기가 호흡하는 것처럼 자연스럽고 무의식적인 것이 될 때까지 연습하고 또 연습합니다. 이와 같은 원칙은 축구뿐만 아니라 세일즈에도 적용됩니다.

세일즈라는 게임에서 스타가 되고 싶으면 여러분의 직업에 해당하는 기본기를 익히고 그것이 여러분의 일부가 되도록 마음에 새기십시오. 마지막 도착점까지 가는 도중에 가망고객이 어느 지점에서 중단을 시키더라도, 무슨 일이 일어났는지 의식적으로 인지하지 않고도 다시 원상태로 돌아가도록 만들 수 있게 기본기를 잘 익히십시오. 그러기 위해선 단련하고 또 단련해야 합니다."

위대한 음악가 '베토벤'이 살던 집을 방문하는 사람들은 누구나 커다란 교훈을 받는다고 한다. 베토벤이 치던 피아노 건반이 아주 우묵하게 들어가 있는 것을 볼 수 있기 때문이다. 그렇기에 누구나 "베토벤도 이렇게 열심히 연습을 하였는가?"며 속으로 내심 놀라고 "역시 위인은 저절로 태어나는 것이 아니구나."라고 깨닫는다는 것이다.

1922년 창설된 〈내셔널 지오그래픽〉은 기사의 정확성을 검증하기 위한 조사부를 두고 있다고 한다. 이 조사부에는 지리학, 역사, 저널리즘, 미술사, 경제학 등 다양한 분야의 연구원 19명을 포함하여 모두 23명이 일하고 있다. 기사 한 건당 4~6주의 조사 기간이 소요되며, 이들은 자료나 문헌을 철저히 조사한 다음 전문가들과 함께 기사 내용이 틀림없는지 확인한다. 또한 이후 인쇄하기 직전에 편집자와 함께 최종 점검 과정을 갖게 된다. 이런 과정을 거쳐 세계적으로 사랑 받는 〈내셔널 지오그래픽〉誌가 독자들의 손으로 들어가는 것이다.

소동파蘇東坡가 〈적벽부〉를 지었을 때 친구가 찾아와 며칠 만에 지었냐고 물었다. 소동파는 "며칠은 무슨 며칠, 지금 단번에 지었다."고 대답했다. 그러나 잠시 후 소동파가 밖으로 나간 뒤 그 자리 밑을 보니 뭔가 불쑥 나와 있었다. 친구가 그 불쑥 나온 데를 들춰보니 여러 날을 두고 고친 흔적이 빼곡한 초고草稿가 한 삼태기나 쌓여 있었다. 〈적벽부〉도 당대 명문가로 명성을 떨친 소동파의 이런 부단한 노력에서 나온 산물이다.

한 기자가 마이클 조던Michael Jordan에게 성공비결을 물어보았다. 마이클 조던은 이렇게 답했다. "나는 농구생활을 통틀어 9,000개 이상의 슛을 실패했고, 그 가운데 스물다섯 번은 다 이긴 게임을 지게 만든 마지막 슛이었다. 이렇게 나는 살아가면서 수많은 실패를 했다. 바로 그것이 내가 성공할 수 있었던 이유이다." 그는 종종 인생에 있어 도전정신을 소금에 비유하기도 했다. "소금과 도전정신은 공통점이 있습니다. 며칠만 방치해두면 녹아 버린다는 것입니다. 때문에 이 정신이 녹지 않도록 자신을 향한 끊임없는 채찍질이 필요합니다. 여러분의 도전이 녹아 빠져나가지 않도록 24시간, 365일 지키는 파수꾼이 되어야 할 것입니다."

뛰어난 골프선수로서 큰 시합에서 수많은 우승을 거둔 사람의 이야기다. 그가 많은 명성을 쌓자 그를 부러워하는 사람들은 종종 이렇게 말했다. "선생님처럼 공을 잘 칠 수만 있다면 무엇이라도 하겠습니다." 보통 이런 이야기를 들을 경우 웃고 지나가곤 했던 그 명선수는 어느 날 똑같은 질문에 다음과 같이 말했다고 한다. "그렇게 쉽게 말씀하시면 안 됩니다. 오늘의 제가 있기까지 무엇을 했는지 생각해 보신 적이 있습니까? 매일 아침 5시에 필드로 나가 골프공 1천 개를 쳐보십시오. 손에 물집이 생기고 그것이 터져 피가 흘러나옵니다. 그러면 클럽하우스에 가서 피를 닦고 붕대를 감고 또다시 필드로 돌아와 1천 개의 공을 치는 연습을 되풀이합니다. 저만큼 되려면 그런 고통을 감수해야 되고, 또 귀하도 그렇게 하면 저처럼 되는 것입니다."

자, 이쯤해서 당신에게 '운'이 안 따르는 이유를 보여주겠다. '운'이란 글자를 한 10분 정도 보고 그 안에서 다른 글자를 찾아내 보아라. 곰곰이 봐도 떠오르지 않는다면 글자를 뒤집어 보자. 바로 '공'이란 글자가 된다. 결국 '운'은 '공'을 들이는 이들이 먹는 열매라는 것이다. 성공하는 자는 결코 중단하지 않는다. 성공은 끊임없는 노력의 산물이고 '운'은 '공'의 산물인 것이다.

당신에게 '일'이란 무엇인가? 한번 생각해보아라. 강의를 하면서 직장인들에게 "일이란 무엇입니까?" 하는 질문을 던지면 대다수는 '노동'이란 말을 한다. 과연 그럴까? 아니다. 필자는 일은 이

제 '노동'이 아니라 '축복'이라고 생각한다. 일에 대한 생각은 사람마다 다를 수 있을 것이다. 그렇다면 왜 누구에겐 일이 노동이고 누구에게는 축복일까? 단적으로 말해 일에 목표가 있으면 축복이고, 일에 목표가 없으면 노동이다.

당신은 왜 지금 그 일을 하고 있는가? 아마 당신은 지금 하는 일로 부자가 되고 행복한 인생을 살기 위해서일 것이다. 여기서 富者(부자)라는 단어의 '富(부)' 자에 주목해보자. '富(부)' 자를 자세히 보면 밭을 뜻하는 '田(전)'이라는 단어가 있음을 알 수 있다. 그러니까 부자가 되는 첫걸음은 일터田, 즉 일에 있다는 것이다. 이제 좀 나아가 당신이 그렇게 원하는 幸福(행복)이란 단어를 보자. 여기서 '福(복)'자를 보면 여기에도 밭을 뜻하는 '田(전)'이라는 단어가 있음을 알 수 있다. 결국 일은 단순한 노동이 아니라 당신에게 富와 福을 창출하는 축복이라는 것이다.

오늘 당신은 회사에 어떤 마음으로 출근했는가? 삼성경제연구소에서 미국, 프랑스, 일본, 한국 등 31개국의 20~69세 직장인들에게 "회사를 왜 다닙니까?"라는 질문을 해보았다. 말하자면 직업관을 물어본 것이다.

이 질문에 미국, 영국, 호주 등 '영·미권 직장인'들은 '자기실현'을 위해서라고 답했다. 즉 성공을 하기 위해 회사에 다닌다는 것이다. 그래서 그들은 회사에 완전 올인All In을 한다. 왜냐하면 직장인의 성공의 표상이라고 할 수 있는 CEO가 되면 연봉이 천문학적으로 뛰기 때문이다.

프랑스 등 '유럽권의 직장인'들은 '자기보람'이라고 답했다. 보수는 상관이 없이 지금 하는 일이 자기에게 있어서 보람찬 일이라면 올인 하겠다는 것이다. 이런 자세로 인한 것이라고 딱히 잘라 말할 수는 없지만 자동차, 시계, 화장품, 구두, 의상 등 내로라하는 세계적 명품은 이들의 손에서 나온다. 아이러니가 아닐 수 없다. 우리와 여건이 비슷한 일본 직장인들은 무엇이라고 답했을까? '인간관계 확대'를 위해서 다닌다고 답했다. 일은 별로지만 조직 내 인간관계를 유지하는 데 만족한다는 것이다.

그렇다면 대한민국의 직장인들은 뭐라고 답했을까? 우리 직장인들은 "(?)고 살기 위해서"라고 답했다. 답은 바로 "(먹)고 살기"이다. 우리나라 직장인들은 직장이나 일을 호구지책 즉 어쩔 수 없이 하는 일로 여기며 단순한 생계수단으로 여긴다는 것이다. 이렇다 보니 일에 대한 태도가 선진국에 비해 떨어질 수밖에 없는 노릇이다.

"당신은 왜 회사에 다니는가?" 이 질문에 대답을 해보아라. 자기실현, 자기보람, 인간관계 확대, 생계 유지… 어떻게 대답을 하느냐에 따라 당신의 인생이 변화할 것이다.

그럼 회사가 좋아하는 사람은 어떤 유형일까? 누가 뭐라 해도 '돈을 많이 벌어오는 사람'이다. P제철의 모 상무는 이 회사 창립

40년 만에 첫 고졸 출신 중역이 된 사람이다. 그의 성공 비결은 일하는 방식에 있었다. 그는 30년 동안 100여 권의 현장일기를 써왔다. 이를 통해 회사에 많은 기여를 했음은 두말할 필요가 없을 것이다.

영화배우 한석규에 대한 일화다. 그는 원래 단역배우였다. 처음에 주어진 배역은 아무런 대사 없이 단순히 가마솥을 갖고 뛰는 장면이었다고 한다. 이렇게 오랫동안 단역만을 해온 그에게 어느 날 첫 대사를 할 수 있는 역할이 주어졌다. 웨이터 역할이었는데 주어진 대사는 단 한마디, "뭘 드시겠습니까?"였다고 한다. 이 한마디 대사를 위해 그는 술집에서 하루 종일 살 정도였다. 웨이터들의 말투와 행동을 연구하기 위해서였다. 웨이터의 말투, 손놀림 등을 자기 것으로 만들기 위해 계속해서 술과 안주를 주문했다. 별 볼 일 없다고 생각할 수 있는 배역이지만 자신의 혼을 담아 연습을 한 것이다.

조선일보의 〈만물상〉이란 칼럼에 이런 내용이 실린 적이 있다. "이 교수의 허벅지 굵기는 젊은 여성의 허리만 하다. 36시간 수술기록도 있는 극한의 의료현장에서 환자들에게 의사의 체력은 '생명줄'이나 다름없다. 10시간 넘게 허리를 구부린 상태에서 수술을 진행하려면 하체의 힘이 중요해 이 교수는 수술실 옆방에 러닝머신을 두고 틈만 나면 뛴다.

수술현장에서는 끼니를 수술실에서 김밥·라면으로 때우고 새우잠 자기 일쑤다. 이 교수는 몇 년 전 어머니 장례식 당일 밤에도 긴급호출을 받고 수술실로 달려갔다. 이 교수팀은 올해 322건의 간이식 수술을 해 작년 320건에 이어 한 해 세계 최다 간이식 기록을 경신했다. 일요일 빼고 1년 내내 수술한 셈이다. 미국 ABC방송은 '드림팀'이라고 찬탄했다." 조선일보 〈만물상〉 칼럼의 이 내용은 바로 간이식 분야에서 세계 최고 권위자인 서울아산병원 외과의사 이승규 박사에 대한 것이다.

가천길재단의 이길여 회장에게 조선일보의 기자가 "같이 일하는 사람들이 회장께 많이, 호되게 혼난다고 들었다."라는 질문을 했다. 이 회장은 이렇게 답했다. "난 가르치는 것으로 생각하는데… 그걸 많이 혼난다고 생각하는 모양이다. 난 열심히 안 하는 것과 잠 많이 자는 것을 보면 혼낸다. 주변 사람들한테 '4시간 이상 자면서 성공할 생각하지 말라.'고 말한다. 10년 전까지만 해도 나는 4시간 이상 잤던 기억이 거의 없다. 내적 동기 부여를 통해 잠을 조금 자서 주어진 내 인생보다 2~3배 정도 더 산 것 같다."

학창시절에 연애를 해본 사람이라면 알 수 있을 것이다. 누군가에게 콩깍지가 한번 끼면 뵈는 게 없어진다. 자신이 사랑하는 이를 위한 일이라면 무엇을 해도 힘들지 않게 된다. 아무리 추운 겨울에도 그녀를 볼 수만 있다면 한 시간이고 두 시간이고 불만

없이 기다리게 된다. 심지어는 밤을 새우는 일조차 마다하지 않는다. 또한 아무리 멀리 떨어져 있어도 그녀를 볼 수 있다면 밤샘운전을 하면서 달려온다.

이렇듯 무엇에 미치면 재미가 있다. 성공도 매한가지다. 성공을 하려면 그 일에 미쳐야 한다. 마라톤을 하는 이들에게 이렇게 힘든 것을 왜 하느냐고 물으면 하나같이 입을 모아 대답하는 말이 있다. 10km 정도 뛰면 뭔지 모르겠지만 온몸에 엔도르핀이 강하게 흐르면서 힘들지 않고 기쁨이 충만해진다는 것이다. 이것이 바로 '러너스 하이'라고 불리는 것이다. 마라토너들이 그 고통을 참고 뛰는 이유는 여기에 있다. 이 마법에 걸려들면 피곤하지 않고 그저 재미있을 뿐이다. 성공의 과정도 이와 같으며 이런 상태를 필자는 석세스 하이라고 부른다. 이 과정을 밟지 않고선 성공을 말하기는 어렵다. 누구나 석세스 하이를 경험해야 한다. 그러자면 미쳐야 한다. 소위 불광불급不狂不及이라고 불리는 원리다.

그렇다면 자신이 하는 일에 미치려면 무엇을 어떻게 해야 하는가? 수십 년 전 미국에서 유전이 개발되면서 석유가 나오기 시작할 무렵, 스탠더드 석유회사에서 석유 영업을 했던 애치볼드의 이야기가 우리에게 답을 준다. 당시 애치볼드는 영업을 하면서 출장을 자주 다녔는데 시간이 늦으면 호텔에서 숙박을 하곤 했다. 그런데 그는 호텔에 체크인 할 때 묘한 습관을 하나 갖고 있었다. 바로 숙박계에 인적 사항을 적은 다음 끝에 "한 통에 4달러, 스탠더스 회사입니다."라고 기록하는 습관이었다.

　그런데 하루는 호텔에 밤늦게 도착하는 바람에 숙박계에 늘 쓰던 문구를 적지 못하고 잠자리에 들었다. 한참 꿈나라에 빠져 있던 애치볼드에게 하늘로부터 응답이 하나 왔다. "일어나라 애치볼드! 일어나라 애치볼드!" 이 소리에 잠자리에서 일어난 그는 문득 생각이 들었다. 그 문구를 숙박계에 적지 않은 것이다. 잠자리를 박차고 나선 애치볼드는 잠옷 바람으로 프런트에 내려가서 숙박계에 그것을 써넣었다. 마침 호텔에 들어온 노부부가 그런 모습을 보게 되었다. 이 모습을 본 노인은 애치볼드에게 "여보게 청년, 지금 잠옷 바람으로 무엇을 하는 것인가?"라고 물었다. 이에 애치볼드는 "아 저는 스탠더드 석유회사의 영업사원입니다. 회사 홍보를 위해 글을 적고 있습니다."라고 답했다. 이런 애치볼드에게 이 노인은 명함을 하나 건네면서 "자네 나랑 같이 일해보지 않겠나?"라고 말했다. 그 명함엔 석유재벌 '록펠러'라는 이름이 쓰여 있었다.

　당신이라면 이들처럼 하는 일에 혼魂을 담을 수 있겠는가? 필자는 일에 미친 상태를 잡혼Job魂(직업에 대한 혼)이라고 부른다. 이는 일을 하면서 느끼는 일종의 쾌감이다. 당신이 하는 일을 365일 24시간 내내 생각하면서 살아갈 수 있는가? "내가 잠을 자면 꿈을 꿀 수 있시반, 내가 잠을 자지 않고 연습을 하면 꿈을 이룰 수 있다." 연습벌레로 잘 알려진 가수 비가 한 말이다.

그렇다면 열정은 어떻게 만들어낼 수 있을까?

흔히들 열정을 발휘하기 위해서는 잘 갖춰진 환경과 능력, 그리고 높은 자신감이 필요하다고 생각하곤 한다. 최근 자기계발의 화두가 '자신감·자존감'인 것도 이와 무관하지 않을 것이다.

하지만 단순히 자신감으로 고양되어 빠르게 끓어오르는 열정은 그만큼 식어 버리기도 쉽다. 그렇기에 필자는 열정이 '자신감'이 아닌 '열등감'에서, '잘 갖춰진 환경과 능력'이 아니라 '궁핍한 환경과 부족한 능력'에서 나올 수 있다고 생각한다. 누구나 가지고 있는 자신의 궁핍함을 마음속에 선생으로 모시고, 그 부족을 채우기 위한 간절한 열망에서 열정이 나오는 것이다.

그렇기에 필자는 인생은 결국 태도라는 생각을 자주 한다. 하는 일에 대한 태도가 큰 차이를 만드는 것이다. 태도란 무엇일까? 자신에게 주어진 것에 대한 생각이라고 본다. 생각이란 단어를 한 자로 압축하면 思(사)이다. 이것을 풀어보면 思(사)=田(전)+心(심)이 된다. 즉 내 일에 대한 마음 쓰기라는 것이다. 우리가 새마을 운동으로 부국이 된 것처럼 당신도 부자가 되려면 새마음 운동을 해라. 마음은 모든 행동의 출발점이기 때문이다.

혹시 당신이 학창 시절에 공부에 다소 소홀히 한 것이 후회된다면 지금 하는 일을 다시금 보아라. 당신이 무엇을 하고 있는가는 문제가 되질 않는다. 문제는 그것을 어떻게 하고 있느냐에 달려 있다. 살아가면서 한번은 무엇인가에 미쳐보아라. 그러자면 수그러진 당신의 잡혼Job魂을 재부팅해야 한다. 사람이 성적인 관계에서만 쾌감을 느끼는 것이 아니다. 당신이 하는 일에 한번은 미쳐보아라. 하는 일에도 일에 미쳤을 때 느끼는 '쾌감'이 있다. 당신이 하는 일에 대한 태도를 바꿔야 부자가 되고 나아가 행복이 따른다. 일은 단순히 노동이 아니라 축복이다. 당신이 하고 있는 일을 사랑하라. 당신의 일은 보약이다. 이것은 꿈도 되고, 밥도 되고, 당신이 아플 때 약도 된다.

성공하는 이들은 자신이 하는 일에 생각과 태도가 다르다. 이들은 아주 소박한 성공방정식을 갖고 있다. 그 방정식의 원자는 잡혼Job魂이다. 필자가 가장 좋아하는 말이 있다. "무엇을 하는 사람은 그것을 좋아하는 사람을 이길 수 없고 그것을 좋아하는 이는 그것을 즐기는 사람을 이길 수 없고, 그것을 즐기는 사람은 그것에 미쳐있는 사람을 이길 수 없다." 내일은 해가 뜨는 것처럼 당신의 일도 뜬다.

도道
최고는 새로운 길을 만든다

    필자에게 "이 세상에서 가장 흥미로운 일이 무엇인가?"라는 질문을 하면 거침없이 신문 스크랩이라고 답한다. 좋아하는 일이기도 하지만 이젠 잘하는 일이 되어 버렸다. 신문 스크랩을 하는 것에 목숨을 거는 건 아니지만 이 작은 습관 덕에 책을 출간하고 강의를 할 수 있기 때문이다.

    매일 아침 신문을 대할 땐 너무 설렌다. 세상을 보는 눈이라고 할 수 있는 수많은 기자들이 어떤 주제로 세상을 소개할까 하는 호기심으로 가득하기 때문이다. 이런 습관은 한 20년 가까이 되어간다. 특히 새해를 여는 신년호를 대할 땐 더더욱 가슴이 뛴다. 새해 아침을 어떤 '화두' 및 '트렌드'로 열까? 하는 생각으로 꽉 차기 때문이다. 몇 년 전의 일이다. 당시 새해 아침을 맞아 나에게 신선한 충격을 준 글은 무엇이었을까? 일본 동경에서 날아온 글이다. 바로 조선일보 동경 특파원 선우정 기자가 쓴 〈당신은 세계 최고입니까?〉라는 칼럼이다. 필자에게 주는 메시지가 너무 강해 이 신문을 스크랩해서 많은 지인들에게 보내기도 했다. 그 글을 일부 소개한다.

작년 초까지 살던 도쿄 쓰쿠다(佃)란 동네에 '우루시게이 나카지마漆藝 中島'란 상점이 있었다. 그릇·젓가락 등 칠 제품을 만들어 파는 서민 주택가의 전형적인 구멍가게였는데, 좌판에 미끈미끈한 한천을 작게 썰어 넣은 물그릇을 둔 것이 특징이었다.

이 구멍가게가 자랑하는 상품은 박달나무를 다듬은 '팔각저八角箸', 이름 그대로 팔각 모양의 젓가락이다. 그런데 가게는 이 젓가락이 '무엇이든 집을 수 있는 세계 최고'라고 자랑했다. 한천 물그릇은 이 말을 증명하기 위해 놓아둔 것이다. 젓가락의 끝부분까지 아주 정교하게 팔각으로 깎아, 누구나 물에 젖은 한천을 집어낼 수 있도록 했다.

'재미있다.'고 느끼면서 구경하다가 가격에 놀랐다. 박달나무 재질에 따라 1만 3,000엔까지 받았다. 젓가락 한 벌에 10만 원이 넘는다는 얘기다. 또 한 번 놀란 것이 가게 주인이 11대째라는 얘기를 듣고서였다. 300년 전부터 자자손손 젓가락을 만들었다니, '세계 최고 젓가락'이란 얘기를 장사치의 허풍으로 치부할 수 없었다.

일본 특유의 장인정신과 자신의 일에 대한 자부심을 잘 보여주고 있는 글이다. 여기에 일본인들의 업에 대한 정신을 잘 보여주고 있는 글을 하나 더 소개해 본다.

세계 최고의 스시(생선초밥) 요리사를 인터뷰한 적이 있다. 세계적 레스토랑 가이드 '미슐랭'의 최고 등급인 별 셋 평가를 2년 연속 받은 초밥왕 미즈타니 하치로水谷八郎였다. 그에게 스시의 전부라고 할 수 있는 생선과 쌀에 관한 이야기를 듣고, 일본이란 나라의 높은 장인정신을 체험할 수 있었다.

그는 직접 생선과 쌀을 고르지 않는다고 했다. "단골 어물전 주인이 생선을 골라주고, 단골 싸전 주인이 여러 산지의 쌀을 황금 비율로 섞어 준다."고 했다. 자신의 '니기리握リ(손으로 주물러 초밥을 만드는 것)' 능력이 아무리 뛰어나도 어물전의 세계 최고 감별력과 싸전의 세계 최고 블렌딩blending 능력이란 인프라가 없었다면 세계 최고가 될 수 없다는 결론이었다. 미즈타니의 스시 집을 비롯해 모두들 규모는 구멍가게 수준이었다.

작년 7월 서울에 휴가를 갔다가 길바닥에서 낙담했다. 울퉁불퉁 울고 있는 중심가 도로, 이음새가 터진 동네 보도블록, 듬성듬성 주저앉아 빗물이 고인 포장도로. 지금 살고 있는 오기쿠보荻窪란 동네는 도쿄 변두리에 속하지만, 그런 도로를 만나기 힘들다. 일본은 도로를 만드는 막일꾼까지 세계 최고인가, 아니면 한국은 막일꾼조차 얼렁뚱땅인가….

일본은 우리와는 달리 가업을 계승하는 경우가 많다. 1,000년이 넘은 건축회사도 있고, 1,000년이 된 떡꼬치집도 있고, 500년이 된 우동집도 있다. 이런 이들의 자세는 놀라지 않을 수 없다.

도대체 일, 즉 업은 무엇일까? 필자는 언젠가 업을 이렇게 정의한 적이 있다. "이젠 업은 Up이다." 여기서 Up이란 Ultra Passion을 말한다. 이것을 그대로 해석하면 '超열정'이 된다. 더 쉽게 해석하면 '압도적으로'쯤 된다. 또한 Passion은 '열정'과 동시에 '고난'을 가리키기도 한다.

일본으로 기술연수를 간 적이 있다. 당시 일어가 능통하지 않았던 필자는 연수 내내 칩거 상태로 있다가 연수 기간이 꽤 지나서야 처음으로 혼자 식당, 백화점, 유적지, 서점, 도서관 등을 가보았다. 필자가 처음 독자 행보를 한 곳은 작은 식당이었다. 그런데 필자가 들어서자 식당 종업원이 메뉴판을 들고 와서 필자 앞에서 무릎을 꿇고 나서 주문을 받는 것이었다. 기분이 나쁠 것이야 없었지만 동시에 못내 씁쓸했다. 이래서 일본이 서비스 강국이구나 하고 말이다.

당시 일본에서 연수를 받을 때 지하철로 출퇴근을 했다. 일본에는 지하철이 두 종류였다. 나라가 운영하는 국철과 일반 회사가 운영하는 민영 전철이 있었다. 필자는 민영 전철을 타고 다녔는데 일본 역시 우리처럼 출근시간대엔 지하철이 콩나물시루처럼 변했다. 이런 불편을 해소하려고 역마다 푸시맨이란 도우미들이 있었는데 민영 전철엔 도우미들이 60대 노인들로 이루어져 있었다. 우리와 다른 건 승객들이 전철을 타러 지하철 승강대 쪽으로 내려가면 이내 이들이 힘차게 "이랏샤이마세!", "이랏샤이마세!", "이랏사이마세!"라고 복창하면서 승객을 맞이하는 진풍경을 자아낸다는 것이다. 이 말은 "어서 오십시오 우리 전철로!"라는 뜻인데 이런 소리를 듣는 승객은 감동이 아닐 수 없다. 우리나라도 어르신들이 전철 안내 도우미를 하시는데 이런 모습은 보지 못했다.

우리나라도 대학교 재정 상태가 말이 아닌 것처럼 일본도 40여 개 대학이 문을 닫을 정도로 상태가 말이 아니라고 한다. 한 전문대학은 학생들이 아침에 등교를 하면 전 교직원들이 교문 앞에 나와 "이랏사이마세!" "이랏사이마세!" "이랏사이마세!"라고 영접을 한다고 한다.

필자는 기아자동차에서 오랫동안 직업연수생 담임을 맡아 기술 강의 및 생활지도, 교육이 끝나면 취업업무를 담당하면서 인성교육에 가장 신경을 곤두세웠다. 나 자신의 교육 이념이 '공육共育'이었다. 교육생 입교 첫날 오리엔테이션이 끝나고 가장 강조했던 교육이 첫째로 교육센터 출근할 때마다 경비아저씨께 반갑게 큰 소리로 "안녕하세요! 좋은 아침입니다." 하고 인사하기, 둘째로 청소하시는 아주머니께도 "안녕하세요! 좋은 아침입니다."로 인사하기였으며 셋째로 아침밥은 집에서 꼭 먹고 오도록 당부했다. 이렇게 6개월, 1년 과정이 끝나면 밝은 표정과 건강한 체력으로 자격증 취득률과 취업률이 가장 높은 결과로 나타났다.

일본의 장어집 '죽엽정'은 극한 서비스로 유명세를 치르고 있는 곳이다. 1848년에 찻집으로 시작해서 6대째 160년 전통을 지닌 이 가게는 장어요리를 배우는 데 40년이 걸린다는 전통을 갖고 있다. 그러니까 장어 꼬치 꿰는 데 3년, 배 가르고 뼈 발라내는 데 8년, 굽는 데 20~30년 걸린다는 것이다. 이 가게는 장어가 식지 않도록 손님 집까지 뛰어다닌 100년 전 선대 회장의 정신을 받들고 있다고 한다.

경기가 어려워지면 가장 불만이 많이 나오는 곳이 재래시장과 택시 기사들이다. 왜냐하면 이들이 서민층과 중산층을 대상으로 자신들의 업을 하고 있어 그 충격이 더 심하기 때문이다. 이들이 어려운 것이 꼭 경기 탓일까? 필자는 전적으로 동감을 하지 않는다. 가령 재래시장을 보자. 판매 여건 등을 고려한다면 젊은 층은 재래시장을 찾지 않을 것 같다. 추운 겨울엔 난방이 안 되고, 한여름엔 냉방이 안 되기 때문에 이곳을 찾을 리 없을 것 같다. 물론 재래시장만이 갖고 있는 장점도 많다. 가격이 저렴하고 옛 추억 등 감성을 듬뿍 담을 수도 있다. 그러나 꼭 시장이 그런 것만으로 승부가 갈리는 것은 아니다.

택시를 한번 보자. 우리나라 택시가 어려운 것은 택시를 운전하는 기사들의 태도도 한몫했을 것으로 보인다. 가령 택시를 타고 "서울시청까지 갑시다." 하고 목적지에 도착해서 요금이 14,300원이 나왔다. 당신이 15,000원을 건넸다고 치자. 재미있는 건 거스름돈 700원을 바로 안 주고 뜸을 들인다는 것이다. 그래서 당신이 "음." 하고 헛기침을 하면 그때서야 기사는 못마땅한 듯이 700원을 줄 것이다. 그리고 택시 안이 무척 더럽다. 흔히 있는 일이지만 이것도 하기 나름이다. 이런 탓으로 손님들이 멀어져 가는 게 아닐까?

일본에서도 택시 업이 사양산업인 건 매한가지다. 그런데 한 택시 회사만이 크게 성공한 곳이 있다. 바로 우리 교포인 유봉식 씨가 운영하는 MK택시다. 언젠가 유 회장이 한국에 와서 강의를 하면서 MK택시 성공비결을 두 가지로 압축한 적이 있었다. 그 두 가지는 너무나 사소한 것이었다. 첫째, 기사가 직접 문을 열어준다. 둘째, 기사는 손님의 짐을 받아 트렁크에 싣는다. 너무 사소한 것이지만 우리네 택시 기사들이 가장 멀리하는 것들이다. 그러면서 유 회장은 덧붙였다. "당신이 성공을 하려면 등을 보여라." 결국 상대를 일로 Up하라는 것과 맥락을 같이하는 것으로 보면 된다.

준準
최고는 표준을 만든다

　성공하는 사람은 부단히 진화를 한다. 인기 개그맨 강호동의 성공 비결은 어디에 있을까? 부단한 자기 창조를 통한 진화에 있다. 자신이 하던 일을 통해 파생하는 사람들이다. 천하장사 강호동은 1993년 자신의 인생 항로에 있어 큰 모멘텀을 잡는다. 바로 개그맨의 길을 걷게 된 것이다. 이후 놀라운 자기 창조 능력을 통해 대한민국 최고로 변신을 한다.

　한 분야에서 성공한 이들은 자기 창조를 하는데 이 길은 Survival(생존)에서 Success(성공)으로 나아가 종극에는 Masterpiece, 즉 '걸작품'이 되는 작업을 한다. 얼마 전 모 TV 방송을 보다가 다소 충격을 받은 장면이 있었다. 올해 65세인 한 여성이 한 기업의 창업자의 비서를 하는 것을 본 것이다. 그녀가 자신의 CEO를 대하는 태도와 열정은 그야말로 대단했다. 마치 노부인이 남편을 모시듯이 지극정성이었다. 말하는 태도나 말투에 담겨진 진솔함이나 밝은 표정 등이 너무 부럽지 않을 수 없었다. 그녀에게 방송 제작진이 질문을 던졌다. "이 일을 언제까지 하실 겁니까?" 이 말에 그녀는 아주 당차게 "나가라고 할 때까지 할 것입니다."라고 답했다. 그녀에 말하는 톤에 잡혼이 흥건히 배여 있었다.

그런 그녀는 우리나라 최고령 여자 비서이다. 우리나라 여대엔 웬만하면 비서학과가 있다. 전국에 있는 비서학과에서 그녀를 강사로 모셔가느라 안달이다. 왜냐하면 그녀는 비서학을 전공하는 이들에게 있어 현장사원을 위한 하나의 모델이기 때문이다. 나는 이런 이들을 한 분야의 명인 또는 Masterpiece라고 한다. 시쳇말로 원판이 되는 것을 말한다.

모 백화점 숍마스터Shop master들을 대상으로 직장인의 자세라는 주제로 수차례 교육을 했다. 그때 필자가 가장 먼저 이들에게 던진 메시지는 이런 거였다.

"여러분들! 80까지 이 일을 하세요. 머리가 하얘질 때까지 일을 하시어 이 분야에서 우리나라 최고 세일즈 마에스트로Sales maestro가 되길 바랍니다. 한번 상상해보세요. 하얀 머리를 한 여러분들이 백화점 매장에서 손님을 맞이하는 멋진 모습을 말입니다." 이어 나는 "그런데 왜 말을 못 하십니까? 나는 백화점의 숍마스터라고… 왜 말을 못 하십니까…."라고 강의하며 업에 대한 자세를 바꾸라는 주문을 했다.

　한 사람이 태어나서 성공의 길을 가는 데는 3단계가 있다. 앞서 말한 것을 좀 손쉽게 풀이하면 이렇다. 바로 3박자다. 凡人-〉達人-〉名人 과정이다. 뉴욕타임스 칼럼니스트이자『그린 코드』의 저자인 토머스 프리드먼Thomas Friedman은 "이제 핵무기보다 초등학교 4학년 학생의 수학 성적이 더 중요한 국가의 자산인 시대가 됐다, 미래에는 선진국, 개발도상국, 후진국 대신에 최고 지식Smartest 국가, 지식 우위Smarter 국가, 지식Smart 국가란 표현을 쓰게 될 것이다."라고 말한 적이 있다.

　또한 이어령 교수가 지난번 서울대 신입생 입학식장에서 축사를 하면서 '떴다 떴다 비행기'라는 동요를 불러 화제가 된 적이 있다. 그 축사 일부를 소개한다.

　대학생이 된 여러분을 축하하는 이 자리에서 나는 '떴다 떴다 비행기'의 평범한 그 동요를 다시 한번 들려주고 싶습니다. 우리나라에는 이카로스 같은 신화가 없습니다. 우리 역사책에는 하늘을 날려고 하다가 떨어져 죽었다는 옛사람의 기록을 찾아볼 수가 없습니다. 서양에는 비행 실험을 하다가 탑에서 떨어져 죽은 사람이 한둘이 아닙니다. 9세기 안달루시아에는 무어인 필나스, 11세기 영국에는 수도사 올리버, 그리고 15세기 이탈리아에는 조반니 바티스라는 사람이 있었지요.

　그런 미치광이조차 없는 땅에 태어난 우리에게도 하늘을 나는 꿈은 있었습니다. "떴다 떴다 비행기 날아라 날아라 높이 높이 날아라 우리 비행기"가 그것입니다. 누가 비웃든 그 동요에는 분명 하늘을 날고 싶어 하는 우리 어린아이들의 진솔한 꿈이 담겨 있습니다. 그뿐만 아니라 단순한 가사인데도 '뜨는 것과 나는 것', '나는 것과 높이 나는 것'의 그 차이와 비전이 선명하게 드러나 있습니다.

비행기를 향해 "날아라"라고 소리치는 것을 보면 이 비행기는 뜨기만 하고 아직 날지는 못하고 있습니다. 그래서 이 비행기의 동요는 뜻밖에도 뜨기만 하고 날지 못하고 있는 우리의 문제를 상징적으로 보여주고 있는 것 같습니다. 그것도 그냥 비행기가 아니라 '우리 비행기'입니다. 그래서 "높이 날아라"라는 말이 나 자신에게 하는 말, 혹은 나라 전체를 향한 말로 들리기도 합니다.

〈중략〉

오늘이 지나면 "떴다 떴다"의 축하는 "날아라! 날아라!"의 응원가로 바뀌게 될 것입니다. 대학의 '좁은 문'이 하늘의 무지개로 열리는 순간입니다. 흑백의 모노크롬 같은 단순한 수험공부와는 전혀 다른 빨-주-노-초-파-남-보의 다양한 색깔을 통한 경주가 시작되는 것입니다. 같은 방향으로 달려야 하는 좁은 골목에서는 오직 선두에 선 한 사람만이 승리자가 됩니다. 하지만 360도로 열린 공중에서는 모두가 원하는 방향대로 날 수가 있습니다. 누구나 승리자일 수 있는 것입니다. '베스트 원'이 아니라 '온리 원'의 독창성이 요구되는 경주입니다.

한 분야의 명인이 되는 것은 결국 어떻게 자신의 경험이나 지식을 가공하느냐가 관건이라는 것이다. 즉 Best One이 아니라 Only One의 길을 선택하는 과정이다. 이는 그 누구도 대신할 수 없는 유일한 사람이 되는 길이다.

대구에 있는 계명대 본관 1층에는 다소 특이한 액자가 하나 걸려있다. 이 커다란 액자에는 아무것도 없는 백지가 들어 있다. 그리고 '타불라 라사Tabula Rasa'라는 제목과 함께 '우리가 얼굴을 가질 때까지'라는 부제가 붙어 있다. 타불라 라사는 백지라는 뜻을 가진 라틴어이다. 명인Masterpiece이 되는 것은 세상 속에서 당신만의 유일한 얼굴을 갖는 일이다. 이 백지의 주인공은 당신이기 때문이다.

오쿠다 히로시奧田碩(현 상담역) 도요타자동차 전 회장은 1990년대 경영위기에 빠진 도요타자동차를 재건한 주역으로 평가받는 거물 경영인이다. '재계의 총리'라고 불렸던 그는 2006년 4월 고이즈미 준이치로小泉純一郎 당시 총리 앞에서 다음과 같은 말을 했다.

> "일본 자동차업체들이 잘난 척하지만 남 흉내나 내는 정도다. 독자적으로 발명한 것은 백미러를 자동으로 접는 장치밖에 없다. 기본 특허의 대부분은 외국이 갖고 있다." 오쿠다 전 회장이 전하려던 메시지는 다른 데 있겠지만 그의 이야기를 뒤집어보면 이런 말도 된다. '일본 자동차업계가 백미러 하나만큼은 창의적으로 만든다.'(동아일보 발췌)

1492년 8월 3일, 콜럼버스가 탐험대를 이끌고 대서양을 건너는 항해를 시작했다. 당시 모든 사람들은 지구가 평평하여 계속

항해를 하면 폭포처럼 낭떠러지가 나올 것이라 생각했기에 위험한 항해일 수밖에 없을 것이라고 말했다. 하지만 콜럼버스만은 지구가 둥글다고 믿었고 틀림없이 인도를 만나게 될 것이라 믿었다. 결국 콜럼버스는 7개월의 항해 끝에 스페인으로 돌아왔다.

이사벨 여왕은 환영회를 열었고 모두가 역사적인 그날을 기념했다. 하지만 콜럼버스를 시기하는 한 사람이 이렇게 말했다. "배를 타고 서쪽으로 가면 누구나 섬을 발견할 수 있습니다." 이에 콜럼버스가 말하길, "그럼 누가 달걀을 한 번 세워봐 주십시오." 둥글둥글한 달걀을 세울 수 있는 사람은 아무도 없었다.

그러자 콜럼버스는 달걀 끝을 깨어 상 위에 세웠다. 구멍이 나서 내용물이 줄줄 샜지만 어쨌거나 달걀이 똑바로 선 것이다. 콜럼버스는 이렇게 말했다. "남이 먼저 한 일을 따라 하는 것은 누구나 할 수 있습니다. 하지만 그것을 처음으로 한다는 것은 어려운 일입니다."

당시 인도는 무역으로 일확천금을 얻을 수 있는 기회의 땅이었다. 하지만 그곳에 간다는 건 꿈일 뿐, 실크로드를 개척한 아라비아 상인들의 특권으로만 생각했다. 그곳으로 가는 길이 너무 멀었을 뿐만 아니라 무엇보다도 당시에는 지구가 평평하다고 생각했다. 평평한 지구 표면의 바다 끝에는 바닥 없는 낭떠러지가 있다고 생각한 것이다. 하지만 콜럼버스는 다른 사람들과 달랐다. 그는 발상의 전환을 할 줄 알았고 위험을 감수하는 도전 정신이 있었다.

　그런 콜럼버스가 영국 BBC방송이 실시한 온라인 여론조사에서 1위를 차지, 최고의 탐험가로 뽑혔다. 어떤 이들은 그의 아메리카 발견을 단순 모험정신을 뛰어넘은 벤처정신이라 명명한다. 벤처정신이란 모험심과 그것들을 뒷받침해주는 사고방식들을 일컫는다. 콜럼버스 일화로 따지자면 콜럼버스는 벤처기업가, 이사벨 여왕은 벤처캐피탈이었던 셈이다. 콜럼버스가 지금까지 인정받는 것은 그에게 벤처정신이 있었기 때문이다. 그리고 지금 당신에게 필요한 것 또한 바로 이런 벤처정신이다.

　당신이 모험을 하겠다는 도전장을 던졌다면 일단 실패하는 연습도 필요하다. 한번 실패는 병가지상사兵家之常事라고 했다. 실패 하나하나에 솥뚜껑 보고 놀라듯 놀라기 시작하면 이미 '나=성공'이란 공식은 없어지고 만다.

　만일 당신이 실패에 맞부딪치게 된다면 자전거 타는 법을 배우던 시절을 생각해 보자. 자전거를 한 번도 안 넘어져보고 배운 사람이 있을까? 오히려 많이 넘어지고 몇 군데 다쳐본 사람이 자전거를 빨리 제대로 배운다. 왜냐하면 더 이상 겁나는 게 없기 때문이다. 운전면허도 그렇다. 여러 번의 고배를 마시고 합격한 사람보다는, 한 번에 합격한 사람이 더 많은 사고를 내지 않던가?

　단 실패를 두려워하지 않되, 가벼이 보아서는 안 된다. 특히 똑같은 실패를 해서는 안 된다. 한 번의 실패를 미래의 자산으로 만들어 가는 지혜가 있어야 한다. 과거의 실패를 제대로 분석하고 끝마무리를 제대로 했다면 반복되는 불상사를 막을 수 있다. 똑같은 실패를 되풀이하는 사람에게 진보나 발전은 기대하기 힘들어진다. 당신의 프로젝트를 실패로 무장했다면 이젠 더 이상 실패가 들어오지 않도록 해야 한다.

현재의 성실함과 미래의 안목만큼 든든한 수비병은 없다. 여기에 항해일자를 넘기고도 끝까지 확신을 버리지 않았던 콜럼버스의 끈기가 더해진다면 콜럼버스를 능가하는 모험가가 될 수 있을 것이다.

어느 한 분야에서 최고를 구하는 사람들은 독특한 '성공 DNA'가 있는데 바로 '포기'를 모른다는 것이다. 사실 '포기'라든가 '실패'는 당신하고는 직접 관련이 없는 것이다. '포기'는 김치를 만드는 사람에게, '실패'는 한복집에서나 필요한 것이다.

이렇듯 최고는 자신이 하는 일로 최초의 길道을 만들어가는 이들이다. 물론 아무도 가지 않은 길이다. 무섭고 두렵고 험난한 길이지만 일단 길을 트고 나면 경쟁하지 않고 독점할 수 있고, 남들이 그 길을 따라오기 마련이다. 그래서 성공자는 불을 피우지만 보통 사람은 그 불에서 불을 쬔다. 길을 만드는 이는 '벤처'를 좋아하고 그 길을 뒤에서 따르는 이는 '벤치'를 좋아한다.

Venture or Bench!

강 强
최고는 강점을 추구한다

누구나 한 가지 장점은 가지고 있다. 그러나 이것을 찾지 못하고 직장 생활을 하는 경우가 많다. 그러나 사실 성공하기 위해서는 한 가지만 잘해도 된다. 이를 다른 말로 풀어 보면 성공은 자신의 장점을 극대화하는 작업으로 볼 수 있다는 말이다.

미국 야구 코치와 일본 야구 코치는 그 훈련 방식이 서로 다르다고 한다. 일본 코치들은 선수들을 보면 우선 단점부터 찾아 그것을 고쳐 주려고 노력한다. 반면 미국 코치들은 선수의 장점을 찾아 그것을 극대화한다고 한다. 미국 코치들은 아예 선수의 단점 같은 것은 무시한다는 것이다.

왜냐하면 프로의 세계에서는 장점을 극대화해서 그 선수의 무기로 써야 하기 때문에 단점 같은 것을 고칠 시간이 없기 때문이다. 말하자면 팔방미인이 필요한 게 아니라 다른 것은 못하더라도 타격 하나만은 누구도 따를 수 없는 식의 장점이 있어야만 살아남는다는 것이다. 이 사례를 통해 우리는 조직에서 생존하려면 자신의 장점에 승부를 걸어야 한다는 메시지를 읽을 수 있다.

그런데 장점 극대화 전략은 아이들의 교육에도 큰 도움이 된다. 어떤 눈먼 소년이 있었다. 그 소년은 친구가 없었기 때문에 늘 외롭게 지냈다. 그러던 어느 날 이 소년의 인생을 완전히 뒤집어 놓은 사건이 찾아왔다. 수업 중 교실에 쥐가 한 마리 나타났는데 어디로 숨어 들어갔는지 도무지 행방이 묘연했던 것이다. 그때 선생님은 청력이 발달한 그 소년에게 쥐가 어디에 있는지 찾아보라고 했다. 눈먼 아이는 결국 쥐가 어디에 있는지 알아냈다.

선생님은 그 소년에게 말했다. "넌 어떤 아이도 갖지 못한 능력을 갖고 있어. 네겐 특별한 귀가 있잖니." 그 말은 소년의 인생을 바꾸어 놓았다. 소년은 음악을 좋아했다. 이제 앞을 볼 수 없다는 사실도 방해가 될 수 없었다. 자신에게 탁월한 청력이 있다는 것을 발견한 이 소년은 세계적인 뮤지션이 되었다. 과연 이 소년은 누구일까?

이 소년이 바로 'I just called to say I love you'라는 곡을 세계적으로 히트시킨 스티비 원더Stevie Wonder이다. 강점이 부각되면 약점은 쉽게 힘을 잃는 법이다. 위대한 인물은 완벽한 사람이 아니라 자신이 잘할 수 있는 것에 집중한 사람이다. 모차르트나 베토벤의 음악을 들으며 그들이 지녔던 '약점'을 한탄하는 사람은 없다.

도무지 지는 걸 싫어하는 남자 아이가 있었다. 그 아이는 유달리 승부 근성이 강해 게임을 할 때도 이를 악물고 싸웠고, 지면 엄청나게 화를 냈다. 그러나 그토록 지기 싫어했던 꼬마 소년은 유명한 축구 골키퍼가 되었다. 그의 이름은 바로 올리버 칸Oliver Kahn이다. 그는 2002년 월드컵 축구대회에서 축구 골키퍼로서 큰 영예인 '야신 상'을 받기도 했다,

장점 극대화 전략은 이처럼 엄청난 결과를 가져온다. 그렇다면 직장인들이 자신의 장점을 찾으려면 어떻게 해야 할까? '선택과 집중' 전략을 펼쳐야 한다. 자신이 항상 주변 사람들에게 말하는 내용을 한번 곰곰이 생각해 보아라. 자신이 하는 말에 자신의 장점이 숨겨져 있다. 그것은 자신이 가장 잘하는 일이다. 바로 그 일을 선택해서 집중하는 것이다. 이것은 자신의 '성장 엔진'을 만들 것이다. 이 '성장 엔진'이 있다면 이제 차체를 만들고 바퀴를 달아 멋진 차를 만들면 되는 것이다. 그렇다면 장점을 극대화하는 비법은 무엇일까? 그것은 바로 'Best Only' 전략이다. 자신의 Y값을 극대화하라는 것이다. 즉 자신이 하는 일로 그 누구도 따를 수 없는 'Best Only'를 창출하라는 것이다.

월드 베스트! 최고를 꿈꾸는 사람이라면 한두 번쯤 생각해본 화두일 것이다. 그렇다면 월드 베스트가 되기 위해서는 어떻게 해야 하는 것일까? 그 비법을 이 자리에서 하나 소개하겠다. 그것은 바로 '보다 좁게, 보다 깊이' 파고드는 전술이다. 우선 당신

에게 아주 쉬운 질문을 하나 하겠다.

"토마스 에디슨, 앤드류 카네기, 루터 버뱅크, 울워스, 헨리 포드, 토마스 제퍼슨, 마리 퀴리, 김정호… 이들의 공통점은 무엇일까?"

정답은 그들이 한 분야에서 일가를 이룬 사람들이라는 것이다. 그들은 모두 한 가지 일에 자신의 운명을 걸었다. 토마스 에디슨은 발명에, 앤드류 카네기는 철강 제조와 판매에, 헨리 포드는 자동차 생산과 판매에, 마리 퀴리는 화학연구에 운명을 걸었다. 특히 김정호는 전근대 사회였던 조선에서 이름을 남기기 어려운 평민 출신이었음에도 정확한 지도와 편리한 지리지를 통해 조선의 백성들이 더 잘살 수 있을 것이라는 사명감을 가지고 한반도 전체의 지도를 만드는 데 운명을 걸었다. 김정호가 지도와 지리지를 만드는 데 바친 시간은 1834년(순조 34) 이전부터 사망 직전인 1866년까지 30년 이상에 달한다. 즉 그들은 한곳에 자신의 운명을 걸고 '좁게 깊이 파고든' 사람들인 것이다.

그들의 인생을 잘 살펴보면 대충 다음과 같은 '성공 DNA'를 추출해낼 수 있다. 첫째, 그들은 자신이 좋아하는 일, 하고 싶은 일을 했다. 둘째, 그들은 자신이 잘할 수 있는 일을 했다. 셋째, 그들은 자신이 선택한 일에 목숨을 걸고 덤볐으며, 무서울 정도로 몰입하고 열정을 쏟아 부었다.

그렇다면 왜 강점을 추구해야 할까? 세계적인 HR 컨설팅 회사인 타워 스페린 사에서 '당신은 몰입하고 있는가?'를 주제로 연구를 진행한 적이 있다. 이 회사에서는 기업의 성공에 기여하고자 하는 직원 개인의 의지와 역량을 '몰입'으로 정의하고 전 세계 직장인들의 몰입도에 대한 조사를 했다. 이 조사에 따르면 응답자 중 한국인들은 단지 8%만이 회사에 높은 몰입도를 갖고 있는 것으로 나타났다. 부분적이거나 전적으로 몰입도를 갖고 있지 않는 직원은 47%에 달했다.(매일경제 발췌 정리)

성공하는 사람들에겐 공통점이 하나 있다. 그들은 자신이 하는 것에 대한 몰입도가 높다는 것이다. 그렇다면 그들의 몰입도가 높은 건 어디에서 오는 것일까? 잘하는 것에서 온다. 대개 사람들은 자신이 '좋아하는 것'을 하기를 원한다. 하지만 성공하는 이들은 '좋아하는 것'보다는 자신에게 익숙한 '잘하는 것'을 통해 성공한다. 필자 역시 후자의 경우다. 필자는 "당신은 잘하는 게 무엇입니까?"라고 물으면 거침없이 "가르치는 것입니다."라고 말할 수 있다. 물론 잘하는 것과 별개로 좋아하는 것도 많이 있다.

진로 적성 계발가인 정효경 박사는 진로상담을 할 때 "잘하는 일을 찾으라!"고 조언하곤 한다. 프로의 세계에서 인정받기 위해서는 강점을 살리는 것이 유리하기 때문이다. 그녀는 "상담을 하면 잘하는 것과 좋아하는 것을 혼동하는 사람이 많다."며 "좋아하는 것을 직업으로 삼을 경우 재능을 발휘하지 못하는 실수를 범하기 쉽다"고 말했다. 그녀는 이어 "적성은 마치 푸시 버튼Push

Button(열심히 노력하게 만드는 동기유발 요소)처럼 작동한다."며 "목표가 생기면 막연히 공부할 때보다 시간 대비 효과가 월등히 높다."고 말했다.(조선일보 발췌)

이 대목에서 중요한 것은 '좋아하는 것'과 '잘하는 것'에 대한 차이다. 즉 好(호)와 熟(숙)은 다르다. 당신이 좋아하는 것은 그저 해보고 싶은 마음이고, 잘하는 것은 직접 할 수 있는 행동을 말한다. 그렇다면 잘하는 것에 집중하면 어떤 장점이 있을까?

첫째, 신바람이 난다.

사실 잘하는 것을 하는데 신바람이 나지 않을 리가 만무하다. 신바람이 나면 아이디어가 저절로 나오고 뭔가 엔도르핀이 돌기 마련이다. 필자는 잘하는 게 하나 있다. 이건 필자의 취미이고 가장 잘하는 일이고 익숙해진 일이다. 무엇일까? 바로 신문 스크랩이다. 이것은 하루 종일 해도 재미있다. 흥이 나고 기발한 생각이 퐁퐁 솟아난다. 그래서 신나고 피곤한 줄 모른다. 이 작업으로 생기는 엔도르핀이 피곤을 상쇄시키기 때문이다.

둘째, 고민이 없어진다.

운전을 생각해보자. 운전을 잘하는 이가 있다. 그는 운전을 하면서 고민하지 않을 것이다. 익숙함이란 몸에 배어있는 상태를 말한다. 말하자면 제2의 습관처럼 된 행동이다. 운전은 몸에 배여서 언제든지 핸들만 잡으면 차는 굴러간다. 당신이 한 3년 운전을 안 했더라도 운전석에 앉으면 그 익숙함은 저절로 풀려 당신에게 명령을 내린다. "시동", "출발"이라고. 당신은 이것을 믿고 엑셀을 밟기 마련이다. 잘하는 것은 제2의 습관이 되기 때문이다.

셋째, 창의적이 된다.

다음은 『아웃라이어』라는 책을 발간한 세계적 경영사상가 말콤 글래드웰이 조선일보와 인터뷰한 내용의 일부이다.

그는 당신은 당신의 일에 1만 시간을 쏟아 부었는지 묻고 그것이 아니면 성공을 말하지 말라고 강조하면서 1만 시간의 법칙에 대해서 말하고 있다. 1만 시간은 어떤 분야에서 숙달되기 위해서 필요한 절대 시간이다. 하루 3시간씩, 일주일 꼬박, 10년을 보내야 확보되는 시간이다. 작곡가나 야구 선수·소설가·스케이트 선수·피아니스트, 그 밖에 어떤 분야에서든 이보다 적은 시간을 연습해 세계 수준의 전문가가 탄생한 경우를 발견하기 힘들다.

"빌 게이츠와 비틀스, 체스게임 챔피언들을 보라. 한결같이 창의적creative 이고, 창조적inventive인 사람들이다. 하지만 창의와 창조는 일정한 시간의 준비를 필요로 한다. 그들 스스로를 표현하기 위해서다. 창의적인 음악을 하기 위해서는 먼저 음악을 숙달해야 한다. 탁월한 바이올리니스트가 되려면 먼저 바이올린을 잘 다뤄야 한다. 그냥 일반적인 차원이 아니라 대단히 전문적인 수준에서 숙달돼야 한다. 지식의 기초가 있어야 창의와 창조의 핵심에 도달할 수 있다. 이것이 1만 시간의 법칙이다. 특별한 일을 하기 위한 훈련 단위다. 타이거 우즈는 탁월하게 창의적이고 창조적인 골퍼이지만, 그렇게 되기 위해서 매일 아침 일어나 골프 훈련을 통해 창의적인 골프를 하는 데 필요한 기초를 쌓아온 것이다."

익숙해짐으로써 가장 좋은 것은 창의적인 발판을 마련한다는 것이다.

넷째, 자부심이 생긴다.

좋아하는 것보다 잘하는 게 하나 있으면 살아가는 데 큰 문제가 없다. 가령 당신이 야유회를 간다고 치고 당신이 노래를 듣기는 좋아하는데 노래를 못 부른다면 그 야유회가 아무리 좋아도 탐탁하지 않을 것이다. 야유회에서 노래를 부르는 코너가 있기 때문이다. 요즘 TV를 보면 예능 프로에 나온 연예인들은 누구나 한두 개 정도의 개인기를 선보인다. 그중 가장 많이 하는 게 성대모사이다. 이것을 잘하는 이는 방송 내내 표정이 밝아 좌중을 이끌어간다. 그런데 이것도 저것도 아니고 탁월한 개인기 하나 없는 이들은 한 시간 내내 웃다가 만다. '이끌어 갈 것인가? 이끌려 갈 것인가?'는 바로 잘하는 것에 달려 있다.

다섯째, 자동시스템이다.

초등학교 다닐 때 가장 어려운 과목은 산수일 것이다. 그런데 이 산수를 하기 위해서 아이들이 넘어야 할 시스템이 있는데 바로 구구단이다. 이것을 넘는 데는 무척 시간이 오래 걸리고 해프닝도 많이 생긴다. 그러나 구구단이 익숙해지면 하나의 자동시스템처럼 가동이 되어 어떤 곱하기라도 넣기만 하면 통통 나온다. 나는 중학교 때 국민교육헌장이라는 것을 암기해야 했다. 매일 아침 조회할 때마다 복창을 해야 했는데 이것을 지금까지 암기하고 있다. '잘한다'는 것은 인생의 구구단 같은 것이다.

여섯째, 몰입할 수 있다.

아이들을 보면 공부를 하라고 하면 한 10분 책상에 앉아 있다가 바로 방에서 나온다. 그리고 부모들이 말하는 것을 참견하면서 안절부절못하는 경우를 자주 본다. 그런데 이런 아이들일수록 게임을 하라 하면 밤샘을 하면서 해낸다. 누구나 자신이 잘하는 것을 하라고 하면 고도의 몰입도를 보인다. 고스톱을 할 때 보면 밤샘을 하는 것을 그 어느 누구도 싫어하지 않는다. 바로 잘할 수 있는 것을 하면 몰입이 잘되는 것이다. 몰입이 잘되면 성과도 그와 비례한다.

레이저는 빛을 한곳으로 응집시킨 것이다. 이렇게 응집된 빛은 철도 뚫는다. 철뿐인가? 다이아몬드에 구멍도 내고, 인체 내의

암도 제거할 수 있다. 바로 선택과 집중이 주는 힘이다.

만약 당신이 '성공 인생'이라는 화단에 물을 준다고 생각해보자. 성공하기 위해서는 선택과 집중을 잘해야 한다. 강인하고 튼튼한 씨앗을 골라 한곳에 심고 집중적인 애정과 노력을 투자해야 한다. 괜히 잡풀만 무성하게 이것저것 벌려놓느니 우량 품종을 선택하여 작품을 만들어내야 하는 것이다.

'낙숫물이 댓돌을 뚫는다'는 우리 속담처럼 성공하는 이들은 누가 뭐라 해도 한곳에만 집중한다. 설사 남들이 가지 않는 험난한 길이라도 먼저 가서 열심히 길을 내고, 다듬고, 나아가 그 길을 넓혀가면서 자신만의 세계를 구축하는 것이다.

혹시 '주유소 습격사건'이라는 영화를 본 적이 있는가? 이 영화를 보면 재미있는 성공 포인트를 하나 잡아낼 수 있다. 주인공 중한 사람이 패싸움을 하면서 수적으로 불리해지자 기가 막힌 전략을 펼친다. 그는 기선을 잡기 위해 "나는 한 놈만 팬다!"라는 대사와 함께 한 사람을 골라 죽도록 팬다. 처음에는 다른 사람들이 뜯어말리기도 하지만 끈질기게 한 놈만 패는 그에게 다들 질려버리고 만다. 상황은 반전되고, 주인공은 그 싸움에서 기선을 잡는다. 이처럼 당신 또한 한 놈만 잡아서 패길 바란다. 이것이 당신이 적용할 수 있는 성공 병기 '레이저 사고'이며, 당신이 성공하고 싶은 곳을 하나 선택해 '한 놈만 패는' 전략을 펼쳐보는 것이다.

본本
최고는 기본(일관성)을 지킨다

    세계에서 가장 운전면허를 취득하기 어려운 나라는 어디일까? 바로 스웨덴이다. 스웨덴에서 운전면허를 따려면 우리와는 달리 '스키어드 카' 타기라는 사전 테스트를 통과해야만 면허시험을 치를 수 있다. 도대체 스키어드 카란 무엇일까? 그 모양이 여느 자동차와 다를 바가 없으나 바퀴마다 작은 바퀴, 즉 보조 바퀴가 한 개씩 더 붙어 있다는 게 특이하다.

    이는 쉽게 말해 남미에서 자주 하는 '말 길들이기' 같은 행동이다. '스키어드 카'로 사전 시험을 보는 이유는 이것을 타면 차체가 위로 올라가면서 움직이는데 자동차가 빗길을 달릴 때 흔들림과 불안한 느낌 등을 사전에 체험케 하기 위함이다. 말하자면 운전에 대한 균형 감각 같은 것을 체크하는 것이라고 보면 된다.

    그렇다면 이 나라가 왜 면허시험 전에 운전 예비고사 같은 '스키어드 카'를 타게 하는 것일까? 여기엔 세 가지 이유가 있다고 한다. 첫째는 과속의 위험성을 경고하는 목적이며 둘째는 운전 중 일어날 수 있는 아찔한 순간을 미리 체험해 보기 위함이다. 마지막으로 셋째 이유는 안전운전의 중요성 등을 운전자에게 인식시키는 데 있다고 한다. 예측이 불가능한 실제 도로상황에서 일어날 수 있는 상황 등을 미리 체험하게 하는 학습 과정인 셈이다. 흥미로운 것은 이 과정을 통과해야만 면허시험에 응시할 수 있는 자격이 부여된다는 것이다.

응시자가 이 과정을 통과하면 바로 필기시험을 치른다. 필기시험에 합격하려면 총 65문제를 풀어 80점 이상을 받아야 한다. 그런데 시험문제가 우리나라와는 달리 '교통이론'이나 '법규'에 대한 것보다는 실제 상황에서 대처할 수 있는 교통 상식 관련 내용이 대부분이다. 이 나라가 이렇게 하는 것은 운전자의 안전의식을 테스트하기 위함이다. 운전면허시험 마지막 관문은 주행 시험이다. 우리나라처럼 운전자와 감독관이 동승하여 실제 주행능력을 테스트한다. 가령 교통 규칙과 속도를 준수하는지 여부와 운전 숙련도를 보기 위해 차간 거리 확보 정도 등을 체크하게 된다.

스웨덴은 운전면허를 취득하는 것으로 끝나지 않는다. 면허를 취득 후 2년간 과속 등으로 교통법규를 1회만 위반해도 자동적으로 면허가 취소된다. 이 나라가 이렇게 가혹하게 단속하는 건 면허를 취득 후 2년간 교통사고 발생률이 가장 높기 때문이다. 그렇다면 이 나라는 왜 이렇게 엄격하게 운전면허 시험을 실시할까? 운전에 대한 기초가 튼튼하면 교통사고 발생률이 그만큼 낮기 때문이라는 것이다. 스웨덴은 전 세계에서 교통사고 사망률이 가장 낮은 나라이다.

『삼국사기』에 의하면 불국사가 있는 지역은 지진이 30여 차례 있었다고 한다. 그런데 불국사가 지금까지 지진을 이겨낼 수 있었던 것은 무엇일까? 이는 우리 선조들의 지혜에서 비롯된다. 불국사를 지은 선조들이 당시 지형적 특성을 고려한 내진구조를 적용했기 때문이라고 한다. 경북대 지리학과 황상일 교수는 '불국사 지역의 지형특성과 불국사의 내진구조'라는 논문을 통해 불국사에는 '그렝이법'과 '결구' 등 내진구조가 적용돼 석축을 구성하는 각 부분들이 지진에너지를 흡수하면서 전체적으로 균형과 조화를 이루고 있다고 밝혔다.

지난 1985년 멕시코의 수도 멕시코시티에 지진이 약 4분 동안 일어난다. 아주 짧은 시간이지만 이 도시의 고층 건물 1300동이 붕괴되고, 무려 3만 명에 달하는 사람이 실종하거나 사망을 했다. 왜 이런 일이 일어났을까? 멕시코의 건축가들이 멕시코는 지진대가 아니라는 안이한 생각을 하고 건물을 지었기 때문이다.

이 같은 사례들이 우리에게 교훈을 주는 건 바로 '기초는 눈에 보이지 않지만 가장 중요하다.'는 것이다. 필자가 기업체에서 강의를 할 때 '집짓기 게임'을 자주 한다. '집짓기 게임'이란 이렇다.

교육생에게 A4 용지를 나누어 주고 "당신이 은퇴를 하면 살고 싶은 멋진 전원주택을 한번 종이에 그려 보세요."라는 주문을 하고 시간을 5분 정도 시간을 준다. 이 주문을 받은 교육생들은 저마다 멋진 전원주택을 종이에 그려낸다. 이 게임을 하면 재미있는 일이 벌어지는데, 모든 사람이 집을 그릴 때 지붕부터 그린다는 것이다. 그런데 집은 기초부터 만들어가야 한다. 기초를 만들고 기둥을 세운 다음에 지붕이 올라가야 한다는 것이다.

초등학교 시절 바람개비를 만들어 놀던 때가 있었을 것이다. 바람개비는 바람이 잘 불면 가만히 잡고만 있어도 돌아간다. 그런데 바람이 안 불면 어떻게 해야 하는가? 방법은 딱 하나다. 당신이 들고 뛰어야 한다. 주어진 환경이나 여건은 당신 맘먹기에 달려있다. 그래서 환경은 주어지는 게 아니라 스스로 만들어 가는 거라고 한다.

일본 도쿄東京가 2년 연속 세계 최고 '미식美食 도시'라는 왕관을 썼다. 음식점 평가에서 세계적 권위를 자랑하는 미슐랭 가이드Michelin Guide는 '미슐랭 가이드 도쿄편(2009년판)'의 개요를 18일 발표했다. 최고 등급인 별(★) 3개를 받은 음식점은 9곳으로 프랑스 파리와 어깨를 나란히 했다. 3위인 미국 뉴욕에 비해 6곳이나 많은 수치다. 도쿄의 음식점이 받은 별 수를 모두 합하면 173개로 지난해에 이어 단독 1위를 차지했다.

도쿄가 미식의 본고장인 파리를 제치고 2년 연속 세계 최고의 영예를

누린 비결은 무엇일까. 오노 지로小野二郎(83) 씨와 미즈타니 하치로水谷八郎(61) 씨가 각각 운영하는 초밥 집 스키야바시지로와 스시미즈타니를 보면 그 비결을 살짝 엿볼 수 있다. 두 곳은 나란히 별 3개를 받았다는 점 외에도 모두 지하 1층에 자리 잡은 작은 음식점이란 게 공통점. 수용 인원은 스키야바시지로가 23명, 스시미즈타니가 14명에 불과할 정도로 적다.

일본 음식점 특유의 친절한 서비스를 맛볼 수 있는 것도 아니다. 단골이 아닌 고객 중에는 무시를 당했다며 불쾌감을 표시하는 사람들이 있을 정도다. 그런데도 미슐랭 가이드가 두 초밥집을 일본의 쌍벽으로 평가한 이유는 요리인으로서 두 사람이 보여 주는 완벽주의 때문이다.

오노 씨는 80세를 넘긴 고령임에도 가게가 문을 여는 날은 하루도 거르지 않고 출근한다. 요리 경력이 무려 75년에 이르지만 예약 고객에게 제대로 된 초밥을 대접하기 위해 반드시 30분 정도 예행연습을 한다. 오노 씨는 40대 때부터 여름에도 장갑을 끼고 외출하는 습관을 지켜오고 있다. 손에 작은 상처라도 나면 손님에게 불쾌감을 줄 수 있고, 굳은 살이 생겨 손끝의 감각이 무뎌지는 것을 방지하기 위해서다. 초밥을 만들 때 손등에 밥알 하나가 붙었다는 이유로 '솜씨가 무뎌졌다'고 자책했을 정도로 스스로에게 엄격하다.

위생관리에 대한 완벽주의는 더 철저하다. 일본의 저명한 요리평론가인 야마모토 마스히로山本益博 씨의 저서 『지복至福의 초밥』에 따르면 보건소 직원들이 위생검사를 나왔다가 주방에 신발을 벗고 들어가려 했다는 일화가 남아 있을 정도다. 생선을 다루는 초밥집임에도 불구하고 가게에서 생선 비린내를 풍기는 일은 없었다.

오노 씨의 제자인 미즈타니 씨도 장인정신과 위생관념이 투철하기는 마찬가지다. 미즈타니 씨는 초밥 수업을 처음 받은 요시노에서 처음 4년간 화장실 청소만 했을 정도로 기초를 중시하는 교육을 받았다.(동아일보 발췌)

마틴 루터 킹Martin Luther King 목사에 대한 일화다. 킹 목사가 한 흑인 청년 청소부가 있는 대로 욕설을 퍼붓고 짜증을 부리면서 청소하고 있는 모습을 보게 되었다. 킹 목사는 그 곁으로 가까이 가서 "여보게, 자네는 하나님이 자네에게 맡기신 지구의 한 모퉁이를 쓸고 있다는 자부심을 가질 수 없소?"라고 말했다. 그리고는 그의 등을 두드리며 이렇게 덧붙였다. "청소를 할 때 베토벤이 음악을 작곡하듯, 미켈란젤로가 조각을 하듯, 괴테가 작품을 쓰듯, 그렇게 하나님의 일을 하시오."

지금 키워드는 '성장'보다 '생존'이다. 그러자면 기본으로 돌아가야 한다. 여기서 기본은 바로 당신이 하는 '일'이다. 바쁠수록 돌아가라는 말이 있다. 당신이 하는 일에 누수현상이 없는지, 혹은 사각지대가 없는지 꼼꼼히 체크해야 한다. Back to the Basic! '당신의 일'로 돌아가 '당신의 일'로 승부를 걸어라. 이런 자세를 지닌 직장인은 조직이 반드시 챙긴다.

이제 다시 '일'이다. 부동산, 주식, 펀드 등 재테크가 아니다. 일꾼Worker인 당신이 가장 먼저 해야 할 것은 바로 당신의 '일'과 '일터'를 챙기는 것이다. 그러기 위해선 당신의 풋워크Foot-work를 더욱 더 민첩하게, 더욱 더 정교하게 밟아야 한다. 왼발 오른발, 왼발 오른발…. 기초는 보이지 않는 법이다. 아무나 '노벨상'은 탈 수 없지만 누구나 '노력상'을 탈 수 있다. 노력은 결코 배반하는 법이 없다!

Part 3

How:
최고가 되려면
최고에게 배워라

최고는 누구에게 배우는가?

배우려면 최고에게 배워라!

최고로 가는 '성공 로드맵 – 9力'을 밟아라!

지금 하는 일로 '황금 알'을 낳아라!

최고는
누구에게 배우는가?

　인생에 있어서 '멘토(롤모델)'의 중요성은 굳이 더 강조할 필요가 없을 것이다. 하지만 그럼에도 불구하고 훌륭한 멘토의 존재로 한 사람의 인생이 바뀐 대표적인 사례를 들자면, 우리 모두가 아는 헬렌 켈러Helen Keller의 사례가 있다. 헬렌 켈러는 어릴 때 앓은 병으로 인해 시력과 청력, 말하는 능력을 모두 잃었다. 만약 그대로 성장했다면 그의 앞날엔 자칫 되돌아오기 어려운 그늘이 드리워졌을지도 모른다.

　하지만 그에게는 앤 설리번Anne Sullivan 선생님이라는 멘토가 있었다. 설리번 선생님은 헬렌 켈러에게 시력과 청력, 말하는 능력이 없이도 세상과 소통하는 방법을 가르쳐 주고, 성공과 행복에 있어 장애는 문제가 되지 않는다는 사실을 깨우쳐 주었다. 설리번 선생님이 헬렌 켈러에게 'WATER(물)'의 의미를 가르쳐 주기 위해 노력했다는 유명한 일화는 언뜻 보기에는 작은 이야기에 불과한 것 같지만 어린 헬렌 켈러의 인생 방향 전체를 바꾸어 놓은 셈이다.

사실 헬렌 켈러의 멘토 앤 설리번 선생님 역시 장애로 고통 받았으며 평생 경제적 어려움과 건강 문제로 힘든 생을 살아야 했다. 하지만 헬렌 켈러와 설리번 선생님은 신체적·경제적 고통과 사회적 편견 속에서 서로 의지하며 인생에서 '최고'라고 부를 수 있는 가치를 쌓아 나갔다.

이처럼 훌륭한 멘토는 사람의 인생을 뒤바꾸는 강력한 영향력을 보여준다. 그 이야기를 뒤집어 생각해 보면 자신의 인생을 바꾸려면 훌륭한 멘토가 있어야 한다는 것과 같을 것이다. 훌륭한 멘토를 가진 사람은 인생의 비전과 목적, 목표를 통해 좀 더 자신의 인생을 가치 있게 만들어나갈 수 있기 때문이다.

또한 배우는 입장에 있는 사람이 적극적으로 최고의 스승을 찾아 그를 멘토로 삼고 노력하여 좋은 결과를 이루어낸 사례도 있다. 고대 중국의 대학자인 맹자孟子는 공자孔子보다 후대에 태어난 사람이었다. 하지만 그는 "공자를 직접 만나지는 못하나 그의 제자가 될 수는 있다."라고 이야기하며 공자를 자신의 멘토로 삼아 불굴의 노력으로 학문을 탐구하였고, 자신만의 사상적 결실을 맺어 공자에 버금가는 위대한 유학자로 후대에 명성을 떨치게 되었다. 시간과 공간을 뛰어넘어 '최고가 최고에게 배우는' 사례라고 할 수 있겠다.

돌이켜보면, 필자의 그간 인생 역시 배움의 연속이었다. 특히 현대그룹을 세운 정주영 명예회장과 현대자동차를 일으켜 세운 정몽구 회장을 멘토로 삼고, 그들을 통해서 발전하기 위해 끊임없이 노력했다.

하지만 어린 나이에 부모님을 잃고 맨손으로 세상에 뛰어든 어린 소년이 자신과는 처한 위치도 능력도 전혀 다른 현대차라는 대기업의 리더에게 무엇을 배울 수 있었을까? 그때 필자가 생각한 것은 정몽구 회장의 '강점'에 집중하고, 그것을 배우자는 생각이었다. 물론 평범한 소년이 대기업 회장을 멘토로 삼는다고 해서 대기업 회장이 될 수는 없다. 하지만 현재 자신이 처한 상황에서 배울 수 있는 강점을 배우고, 자신의 것으로 만들어 나가다 보면 분명히 나를 발전시킬 수 있는 기회가 될 것이라고 생각한 것이었다. 이러한 생각은, 이후 긍정심리학을 통해 '강점 리더십'을 배우면서 더욱 확고해졌다. 현대자동차 정몽구 회장의 9가지 강점 리더십과 거기에서 발현된 5가지 핵심가치를 설명한 이유도 여기에 있다. 사실 대부분의 사람들은 필자의 이야기에 이렇게 반응할 것이다.

"정몽구 회장의 강점은 결국 회장 개인의 강점일 뿐인 것 아닌가요?"

"현대자동차의 가치는 현대차에서 지켜나가면 되는 것 아닌가요?"

하지만 결코 그렇지 않다는 것을 필자는 본인의 인생에서 배웠다. 필자는 부모님을 일찍 여의고 아무런 가진 것도, 배운 것도 없는 상태에서 자신이 다른 사람을 가르치는 위치에 설 수 있을 것이라는 생각은 한 번도 하지 못했다. 그저 정몽구 회장의 9가지 대표강점을 악착같이 모방하고 체득해 나갔을 뿐이었다.

하지만 놀랍게도 어느새 필자는 현대자동차의 사내강사가 되어 있었고 많은 새내기 교육생들 앞에서 현대차의 강점 리더십과 핵심가치를 이야기하며 소통하는 위치가 되어 있었다. 하루하루 간신히 살아가던 시절에는 상상하지도 못하던 삶을 살게 된 것이다.

이처럼 '최고'의 경지에 이른 사람을 멘토 삼아 그의 모든 것을 모방하려고 노력하는 과정은 우리에게 큰 성장을 가져다줄 것이다. 그리고 멘토의 삶을 모방한다는 뚜렷한 목표를 갖고 꾸준히 노력한다면 마치 기적과도 같이 원하는 인생을 살게 될 것이다. 자신이 정한 멘토는 자신이 살고 싶은 인생을 보여주기 때문이다. 그렇기 때문에 최고가 되려면 최고에게 배워야 하는 것이다.

배우려면
최고에게 배워라!

    현재 세계에서 가장 주목받는 자동차 기업은 과연 어디일까?
BMW, 벤츠, 아우디 등 이름만 들어도 설레게 하는 자동차 브랜
드들이 자연스럽게 떠오르지만 그 주인공은 따로 있다. 바로 현
대자동차그룹이다.

세계의 수많은 유명 자동차 회사를 제치고 현대자동차그룹은 세계 5위의 자동차 기업으로 발돋움했다. 세계 최대 시장인 중국에서 가장 빠른 시간 내에 10%의 점유율을 돌파한 기업, 자동차의 본고장 미국에서 세계적으로 가장 효율적 시스템을 갖춘 자동차 생산 공장을 운영하는 기업, 유럽의 경제 위기에도 불구하고 꾸준하게 판매량을 높여가고 있는 기업이 바로 현대차이다.

단순히 생산과 판매 숫자뿐만 아니라 품질에 있어서도 놀라울 정도의 발전으로 각종 언론과 협회의 찬사를 받으며 세계 자동차 업계로부터 주목을 받고 있을 정도다. 그렇다면 일본이나 미국에서 들여온 부품을 조립하는 수준에 불과하던 회사가 불과 몇 십 년 만에 자동차 기술을 선도하는 위치에 오를 수 있었던 원동력은 어디에 있을까?

리더와 함께 목표를 향해 거침없이 달렸다

자동차 한 대에는 수만 개의 부품이 들어간다. 부품들 중에는 엔진이나 플랫폼과 같은 핵심적인 부품도 있고, 핵심적이진 않아도 상품화를 위해서 반드시 필요한 부품도 있다. 이를 단순히 중요한 부품과 중요하지 않은 부품으로 나눌 수는 없으며, 자동차는 이 수만 개의 부품들이 각자의 역할을 성실하고 정밀하게 수행할 때 비로소 안정적으로 달릴 수 있게 된다.

회사를 한 대의 자동차에 비교해 보면 회사의 모든 구성원 각자가 중요한 부품이 되는 셈이다. 경중은 달라도 각각의 업무에 책임을 맡고 있는 구성원들이 자신의 역할과 능력을 최대한으로 수행할 때 회사도 발전할 수 있는 원동력을 가지게 된다. 현대자동차그룹은 바로 이러한 원동력을 바탕으로 현재와 같이 성장할 수 있었다.

지금까지 잘 만들어진 한 대의 자동차처럼 현대차는 목표를 향해 거침없이 달려왔다. 그러나 앞으로는 어떨까?

현재 글로벌 자동차 시장의 상황은 녹록지 않다. 시장 조사 업체인 IHS오토모티브는 앞으로 7년간 글로벌 자동차 생산량이 총 25% 증가하여 장기적으로 연간 자동차 생산량이 2,100만 대 늘어날 것으로 전망한 바 있다. 유럽에서의 판매 둔화는 동남아시아와 남미 등 신흥 시장에서 상쇄할 것이라는 예측을 덧붙였지만, 실상은 인도와 러시아, 브라질 등의 경제가 어려움을 겪으면서 이들 국가의 일부 생산 라인이 멈춘 상태인 것이다.

이에 따라 2024년에는 글로벌 자동차 업체가 20~30%의 공급 과잉 상황에 놓일 것이라는 예상이다. 소비가 공급을 따라가지 못하는 이런 추세가 계속된다면 세계 상위권의 자동차 업체들도 성장하기 어려울 것이고, 문을 닫는 업체들까지 속출할 수 있다.

어느 조직이나 마찬가지겠지만 일이 잘될 때에는 리더의 역량이 잘 드러나지 않는다. 반대로 위기의 순간 및 껍질을 깨고 한 단계 도약을 해야 하는 순간에는 리더의 역량이 결정적으로 드러나게 된다. 즉 미래에 대한 리더의 예측과 그에 따른 결정이, 그 조직이 위기를 이겨내느냐 아니면 위기에 휩쓸려 사라지느냐를 결정하게 되는 것이다.

이렇게 여러 방면에서 현대차는 물론 대한민국의 자동차업계 전체가 위기에 봉착한 지금, 현대차와 MK(현대차 정몽구 회장의 영어 이니셜)가 걸어온 길의 의미는 각별하다고 할 수 있을 것이다.

흔히 자동차 산업을 제조업의 꽃이라고 한다. 2만여 개 이상의 부품으로 완성되는 자동차는 들어가는 부품의 수만큼 다양한 경제적 효과와 부가가치를 창출하게 된다. 하나의 자동차 회사로 인해 수백 개의 협력업체가 생겨나는데 자동차에 들어가는 작은 부품부터 뼈대를 이루는 철강에 이르기까지 협력업체의 종류와 규모도 다양하다.

또 자동차를 판매, 구매하기 위해 필요한 유통과 운송, 금융 등 다양한 분야에서 부가적인 매출과 수익이 발생한다. 서비스와 정비 등에서 생기는 부가가치도 빼놓을 수 없다. 그래서 자동차 회사의 임직원과 협력업체의 임직원을 포함하면 자동차 산업의 종사자는 우리나라 전체 산업인구의 16%에 이른다.

이렇게 보았을 때 자동차 산업이 한 나라의 경제에 주는 영향은 실로 막대하다고 할 수 있을 것이다. 단순히 매출액을 통해 국가경제에 영향을 주는 것뿐만이 아니다. 지금 우리사회에서 가장 심각한 '일자리 문제'는 물론, 주변 산업에 주는 영향 등이 다른 업종에 비해 압도적으로 높은 산업에 들어간다. 실제로 독일, 일본, 미국, 스웨덴 등 선진국들이 대부분 발전된 자동차 산업을 가진 나라들이라는 관점에서 볼 때, 현대차의 성장은 한국 경제의 성장과 불가분의 관계라고 할 수 있을 것이다. 이것이 MK가 걸어온 길이 지금 우리들에게 각별하게 다가오는 첫 번째 이유다.

Made in Korea

또 다른 이유는 현대차와 MK가 우리나라가 겪은 외환 위기를 극복하는 데에 큰 역할을 해냈기 때문이다. 외환 위기의 원인은 여러 가지가 있겠지만, 기업경영 관점에서 보면 가장 주된 원인은 한보철강과 기아자동차의 부도에 있다고 할 수 있었다. 그런데 공교롭게도 이 두 기업이 모두 현재 현대차에 속하여 한국의 경제 발전에 크게 이바지하고 있다.

한보철강은 5조 7천억 원이라는 규모의 빚을 지고 부도를 맞았는데, 당시 한보철강이 주도했던 당진제철소 건설도 부도와 함께 멈추면서 사회적으로 큰 파장을 불러일으켰다. 당진군 자체가 휘청거릴 정도로 큰 사건이었다. MK는 그런 한보철강을 인수하여 오늘날의 현대제철을 만들고 일관 제철소로 키우면서, 현대자동차에 고강도 강판 등을 공급하며 성장하도록 하였다. 그 결과 지역 경제 기반이 흔들렸던 당진군은 다시 활기를 찾고 당진시로 승격되었으며, 부실과 과도한 빚으로 흔들리던 당진제철소는 우리나라를 대표하는 제철소로 발돋움했다.

기아자동차 역시 8조 원이 넘는 빚을 지고 부도를 맞았으며 자동차 산업의 파급력으로 인해 체감하는 고통은 부도 규모 이상이었다. 당시 국내의 대기업들과 해외 자동차 기업 등이 기아자동차 인수에 뛰어들었지만, 막대한 빚 때문에 누구도 적극적으로 나서긴 힘들었다. 거기에 당초 분리 매각을 추진했던 아시아자동차를 기아자동차와 함께 매각하기로 결정하자 인수 기업이 떠맡게 될 빚은 기하급수적으로 늘어나게 되었다.

그런데 그때 MK가 적극적으로 뛰어들어 기아자동차를 인수했고, 기아자동차는 인수 2년 만에 법정 관리에서 벗어나 흑자 기업으로 변모하게 된다. 현재 기아자동차는 국내는 물론 유럽과 미국에서 형님 격인 현대자동차와 견줄 정도로 세계적인 자동차 브랜드로 성장한 상태다.

이처럼 자동차 산업의 경제적 파급력을 고려할 때 외환위기 당시 MK의 공격적인 경영은 대한민국 경제에 중요한 역할을 했다고 볼 수 있을 것이다. 이렇게 현대자동차서비스에서 직원들과 함께 직접 차에 부품을 싣고 전국을 순회하던 때부터 팔순에 이른 지금까지, 평생 자동차와 함께해 온 MK의 행보는 단순히 기업의 발전에만 머무르는 것은 아니기에 더욱 의미가 깊다.

강점 리더십을 발휘한 진정한 리더

그렇다면 현대차와 MK는 어떻게 거대한 외환위기 속에서 대한민국 경제를 다시 일으키는 데에 큰 역할을 하고 나아가 세계의 자동차 명가名家들과 어깨를 나란히 할 수 있게 된 것일까? 이러한 기적은 단순히 이론적인 경제학이나 조직학만으로는 완전히 밝혀내기 어려운 부분이 많다. 하지만 초점을 바꾸어 '사람'에 맞추어 생각해 보면 실마리가 보인다. 자신이 가지고 있는 9가지 강점을 바탕으로 5가지 핵심가치를 창출하고, 그 핵심가치를 통해 기적을 일궈내는 것이 바로 MK의 '강점 리더십'이라고 할 수 있는 것이다.

최근 들어 세계 유수의 전문가들이 자동차 산업의 미래에 대한 위기론을 말하고 있다. 비단 자동차뿐만 아니라 모든 업종의 미래가 불투명한 것이 현실이다. 하지만 미래가 불투명할수록 우리는 이렇게 위기를 기회로 바꾼 MK의 강점 리더십에서 힌트를 얻어야 할 것이다. 즉 이러한 MK의 행보가 지금 이 시점에서 왜 우리가 그의 강점 리더십을 염두에 두어야 하는지에 대한 답이 되어 줄 것이다.

최근 우리 사회의 미래를 예측하는 데 있어서 가장 중요한 이슈는 두 가지로 요약할 수 있는데 바로 저출산, 그리고 고령화이다. 이 두 가지 요소는 우리 사회의 유연성과 진취성을 약화시키고 발전을 가로막는 등 큰 해악으로 작용하고 있다. 이러한 사회의 정체를 해소하고 발전적인 미래를 구축하기 위해 '진정한 리더'의 필요성이 더욱 부각되고 있다. 그렇다면 무엇이 '진정한 리더'일까?

동서고금을 막론하고 리더의 리더십은 중요한 연구대상으로 여겨져 다양한 측면에서 연구대상이 되어 왔다. 하지만 특히 최근 들어 크게 주목을 받고 있는 리더십 이론이 미국의 심리학자 마틴 셀리그만Martin Seligman 교수와 크리스토퍼 피터슨Christopher Peterson의 '긍정심리학'에 기반을 둔 리더십 이론이다.

그전의 심리학이 정서적으로 불안정하거나 힘겨운 상태에 있는 사람들에게 치료의 목적으로 주로 사용되었다면, 긍정심리학은 일반 사람도 좀 더 잠재력을 발휘하고 행복한 삶을 영위할 수 있도록 관점을 넓힌 학문이다. 다시 말해 불안, 우울, 스트레스와 같은 부정적인 감정에 초점을 맞춘 것이 아니라, 인간의 약점보다는 강점과 몰입 등 긍정적 정서에 초점을 맞춘 학문이라고 할 수 있다.

요즘 기업에서 최고로 업무 성과를 내거나, 재미있게 일하면서 행복한 사람은 업무에 몰입하는 사람이라고 이야기하는 것도 이러한 '긍정 리더십'과 일맥상통하는 부분이라고 할 수 있다. 이것은 개인적인 일을 할 때 역시 마찬가지다. 또한 하버드 교육대학원장인 하워드 가드너Howard Gardner 교수는 "긍정심리학의 강점 발견은 심리학 역사에 가장 위대한 발견이다."라고 했고, 현대 경영학을 창시한 학자로 평가받는 피터 드러커Peter Drucker도 "약점보다 강점을 활용해야 경영의 승리자가 될 수 있다."라고 강조한 바 있다.

이렇게 최근 조직운영이론, 리더십이론을 통틀어 가장 큰 주목을 받고 있는 '긍정 리더십' 이론의 구성 요소 중에서도 가장 큰 화두가 되는 것이 '몰입'과 '강점'이다. 그리고 이는 MK가 현대차를 이끌어온 '강점 리더십'과 일맥상통하는 부분이 있다. 그렇다면 한보철강과 기아자동차의 부도에서 대한민국을 끌어낸 MK의 리더십을 긍정 심리학적 관점에서 분석하면 긍정보다는 부정이, 노력과 희망보다는 포기가 익숙한 이 시대에 던지는 유의미한 메시지를 발견할 수 있지 않을까?

각자 자신의 목표와 꿈을 이루기 위하여 필요한 요소들이 무엇인지 확인하고, 스스로 강점을 찾는 것은 중요하다. 자신만의 강점을 찾으면 진정한 나의 정체성을 깨닫는 동시에 나의 내재된 역량, 즉 보물과 같은 자산을 얻게 되는 것이다. 써도 써도 남아 있는 은행 잔고와 같고, 아무리 물을 퍼 올려 써도 마르지 않는 샘물과 같은 것이 바로 자신의 강점이다. 그렇게 만들어진 대표 강점의 요소가 몸에 배도록 항상 노력해야 한다. 그러다 보면 가정이나 회사, 또는 속해 있는 조직에서 어느새 변화된 자신의 모습을 발견하게 되리라 확신한다. 그러한 변화들이 쌓여 분명 꿈을 이루도록 만들기 때문이다.

특히 강점 중 대표 강점은 각 개인의 정체성이라고도 할 수 있으며 개인이든, 조직이든 이러한 정체성을 통해 자신만의 핵심가치를 창출해낼 수 있게 된다. 그런 면에서 볼 때 현대차 정몽구 회장의 9가지 대표 강점과 5가지 핵심가치는 우리가 자신의 강점과 가치를 찾아 성공적인 삶을 영위하고 행복을 이끌어내는 데에 많은 참고가 되어 줄 것이다.

그렇다면 현대차의 캡틴 정몽구 회장, MK가 가진 9가지 대표 강점은 무엇이며, 이 강점이 이끌어내는 핵심가치에는 무엇이 있을까?

최고로 가는
'성공 로드맵-9력力'을 밟아라!

하나. 뚝배기가 되라! - 결단력

일도양단一刀兩斷**:** 한 칼로 쳐서 두 동강이를 낸다는 뜻으로, 머뭇거리지 않고 일이나 행동을 선뜻 결정한다는 비유.

MK의 경영이념을 대표하는 말 중 하나가 '뚝심 경영'이다. 특히 이러한 결단력을 통하여 현대차를 성공시킨 그의 뚝심 및 긍정적 마인드는 세계 자동차 업계와 언론에게도 조명 받고 있다.

그럼 정 회장의 이러한 경영은 무엇을 기반으로 이루어질까? 뭐니 뭐니 해도 정몽구 리더십의 첫 번째는 결단력이라고 할 수 있을 것이다. 강력한 결단력을 바탕으로 빠른 의사 결정을 가능하게 하는 리더십이다. 의사 결정이 빠를수록 문제를 해결하고 업무를 추진하는 시간이 단축된다.

이러한 MK의 뚝심의 결정체가 바로 기아자동차 인수이다. 당시 기아자동차의 인수 부채가 커지면서 인수전에 뛰어든 기업들은 소극적으로 변했으나 MK는 과감한 결단으로 광주에 15년간 공장을 유지하겠다는 조건을 내걸고 기아자동차를 인수했다.

당시 세상의 우려는 컸다. 자칫 기아자동차의 무리한 인수가 현대자동차의 부실로 이어질 수 있다는 걱정이었다. 그도 그럴 것이 1998년 당시 기아자동차의 적자는 6조 6,400억 원에 달했고, 부도 소식과 함께 소비자들의 불신으로 이미지도 망가진 상태였기 때문이다.

하지만 MK의 생각은 달랐다. 기아자동차 인수는 부실기업을 떠맡은 것이 아니라, 황금 알을 주운 것이라고 생각한 것이다. 기아자동차의 기술력과 소하리, 화성, 광주 공장 등의 인프라가 틀림없이 도움이 될 것이며 거기에 기아자동차의 뛰어난 인적 자원까지 갖게 되는 것이니, 오히려 싼 가격에 황금 알을 갖는 일이라는 확신으로 일을 추진했다.

결국 이런 MK 뚝심은 세계 5위 자동차 기업이라는 쾌거를 이루어 내면서 증명된 셈이다. 기아자동차 회생에 자신감을 가지고 있던 MK는 기아자동차 인수 이후에 더욱 뚝심 있게 일을 추진했다. 품질 향상을 위하여 천문학적인 금액의 과감한 설비투자는 물론이고, 인적·물적 지원을 아끼지 않고 기아자동차 회생에 공을 들였다.

기아자동차 인수 후 '카니발'과 관련된 일화가 있다. MK는 인수 전 이미 카니발의 콘셉트가 좋다고 여겨 눈여겨보고 있었다. 그리고 기아자동차를 인수한 후, 그는 자신의 집에 카니발을 한 대 가져오라고 지시했다. 지시를 받은 임원은 영문도 모른 채 카니발 한 대를 MK에게 가져갔다.

그리고 한 달 후, 여의도 기아자동차 본사의 지하 1층 품질회의실에서 품질회의가 열리게 된다. 회의실에 모여든 직원들 눈앞에는 카니발이 한 대 놓여 있었다. MK는 분필을 가지고 이 카니발에 표시를 하기 시작했고, 표시된 부분들을 당장 고치라고 지시했다. 카니발을 눈여겨보고 있었던 MK는 카니발을 집으로 가져가서 한 달 동안 꼼꼼하게 살펴보고 개선점을 찾은 것이었다.

이렇게 MK의 집념으로 카니발은 출시 첫 해인 1998년 3만 5,700대가 팔린 데 반해, 1999년에는 8만 6,000대의 판매고를 올릴 수 있었다. 그리고 이후 연간 15만 대 이상의 판매고를 올리는 기아자동차의 대표적인 효자 차종으로 자리 잡았다. 이러한 일화에서 볼 수 있듯이 MK의 뚝심은 전문성과 품질에 대한 자신감에서 기인한다.

오늘날 몽골 울란바토르의 근교에 가 보면 일테리쉬 카간을 도와 돌궐 제국을 부흥시킨 명장 톤유쿠크의 비문이 천년의 세월을 버티고 서 있다. 이 비문은 당시 돌궐인들이 당했던 구구절절한 사연들을 눈물겹게 기록하며 그 자리를 지키고 있다.

"성을 쌓고 사는 자는 반드시 망할 것이며, 끊임없이 이동하는 자만이 살아남을 것이다."

닫힌 사회는 망하고 열린사회만이 영원하리라는 그의 말은 찢겨지기 시작하는 아날로그 제국의 이념을 그대로 보여주고 있다. 이 예언처럼 역사상 가장 큰 영토를 차지했던 몽골의 칸 제국은 결국 200여 년 만에 막을 내리고 만다. 전통적인 유목민이었던 사람들이 정착하여 안락한 생활을 즐기는 순간, 항체가 없던 유목민들은 정체된 삶의 바이러스에 감염되어 결국 멸망하게 된 것이다.

자리를 지키며 방어적인 논리에 급급한 사람은 자기를 변화시킬 수 없다. 이미 지키려고 하는 것이 있기 때문이다. 자기 것을 지키려는 순간, 틀 속에 갇혀 고만고만하게 살기를 선택한다. 귀중한 자기를 변화의 소용돌이에 내던지기가 아까운 것이다. 그렇게 변화할 수 없게 된다.

누구나 변하고자 한다면 문을 박차고 나가야 한다. 자기 자신과 격렬한 결별을 해야 하며, 한없는 게으름과 치열한 싸움을 벌여야 한다. 물론 가만히 앉아서 싸울 수는 없다. 외부의 조건을 만들어 내야 한다. 즉 싸울 수 있는 조건을 만들어 내고 그 안에 뛰어들어야 자신을 변화시킬 수 있는 것이다.

둘. 시련은 있어도 실패는 없다! – 추진력

눌언민행訥言敏行: 말은 더듬거리듯 신중하게 하지만 행동은 민첩하
게 한다는 뜻으로, 신중하게 결정하고 결정했다면 신속하게 해야 함
을 비유.

캡틴 정몽구 회장의 9가지 강점 리더십 중 두 번째는 탱크와 같
은 추진력이다. 즉 결정한 사항을 밀어붙이는 탱크와 같은 추진
력이 있었기에 기아차를 인수하여 정상궤도에 올려놓았고, 현대
차가 해외 시장에서도 고속 성장을 할 수 있도록 한 것이다.

"위기가 곧 기회다."라는 말이 있다. 위기가 닥쳤을 때 대처하
기에 따라서 위기를 기회로 삼을 수도 있다는 뜻이다. 현대차의
미국 진출 스토리를 보면 이 말이 정확하게 맞는다는 것을 알 수
있다. 'MK식' 뚝심으로 미국 시장을 정면 돌파하여 당당하게 성
공한 셈이다.

2001년 당시 MK가 해외 공장, 특히 미국 공장에 관심을 갖기
시작하면서 전문가들이 현대자동차를 바라보는 시선엔 근심이
가득했다. 당시 미국은 경기 침체기로 들어가던 시기로 미국 진
출은 고전할 것이라는 예상이 대부분이었기 때문이다. 하지만 현
대차는 2002년에 미국 내 사업계획을 8% 초과한 34만 6,000대
의 판매 실적을 올리면서 우려의 시선을 날려버렸다.

이처럼 위기를 기회로 삼은 이면에는 MK의 추진력이 있었다. MK는 미국에 공장을 건설하는 것을 결정하고 강력하게 추진하기 시작했는데, 2002년 4월 앨라배마 공장 건설을 시작하여 2005년에 양산에 돌입했다. 앨라배마 공장을 건설한다는 것은 세계 최대의 자동차 시장인 북미 시장에 직접 뛰어들겠다는 의미였다. 이를 통해 현대자동차그룹은 글로벌 자동차 업체로서 본격적인 경쟁을 시작할 수 있었다.

MK의 정면 돌파에는 당시 앨라배마 주정부의 지원도 큰 몫을 차지했다. 앨라배마 주정부는 1억 2,800만 달러에 이르는 지원과 함께 법인세 20년, 재산세 10년을 면제해 주는 조건을 제시했으며 이 조건을 받아들인 MK가 곧바로 공장 설립을 추진한 것이다. 현재 앨라배마 공장은 하버 리포트Harbour Report의 생산성 조사에서 북미 35개 공장 가운데 1위를 유지하고 있다.

위기를 기회로 삼은 MK의 도약은 마케팅에 있어서도 예외가 아니었다. 2008년 전 세계를 강타한 글로벌 금융 위기는 미국 시장에도 심각한 영향을 끼쳤는데 대량 해고로 인한 실업률 증가와 일자리 불안 등으로 소비가 급격하게 줄어들었다. 대부분의 업체들이 투자 및 마케팅 활동에 소극적인 시기였다.

하지만 현대자동차는 이때를 기회로 삼아 2009년 '어슈어런스Assurance 프로그램'이라는 획기적인 자동차 구매 프로그램을 출시했다. 이 프로그램은 자동차를 구매한 고객이 구매 후 1년 내에 실직하게 되면 자동차를 현대에서 다시 사주는 프로그램이었다. 사실 자동차 구매자가 갑자기 실직을 하게 되면 장기간의 할부가 가정 경제에 큰 부담으로 변모할 수밖에 없다. 따라서 자동차 구매 감소의 원인은 돈이 아니라 실직, 즉 미래에 대한 불안감에 원인이 있다고 판단하고 이와 같은 프로그램을 진행한 것이다. 위기가 왔을 때 움츠리기보다는 과감한 투자와 마케팅으로 점유율과 인지도를 높이겠다는 MK 추진력이 반영된 결과라고 할 것이다.

'어슈어런스 프로그램'의 효과는 즉각적이었다. 2008년 5.4%였던 현대자동차그룹의 미국 시장 점유율은 2009년 7.0%, 2010년에는 7.7%까지 성장했다. 소비자의 심리까지 파악한 MK뚝심이 제대로 들어맞은 것이다.

이처럼 '뚝심과 추진력'이라는 MK의 대표 강점과 '소통과 협력 및 동행'이라는 핵심가치가 결합한 현대차의 행보는 국내외를 가리지 않으며, 일회성이 아닌 보다 장기적인 차원에서 진행될 수 있도록 하는 데 그 힘을 쏟고 있다. 소비가 일어나는 시장을 넘어서 함께 살아가는 동반자로서의 역할을 자처하고 있는 만큼 '현대 속도'는 더욱 가속도가 붙을 것이다.

MK처럼 성공하는 사람들의 특징은 자신이 원하는 목표가 분명하게 있으며 그것을 향해 망설임 없는 추진력을 보인다는 점이다.그는 양궁협회장 취임 당시, 다음과 같은 양궁 금메달의 10가지 원칙을 정하고 선수와 코치를 육성하여 대한민국 양궁을 세계 최고로 만드는 데 일조한 바 있다.

1. 경쟁 원리를 도입하라

MK는 대한양궁협회장을 맡으면서, 기존의 선발 방식보다 훨씬 엄격한 선발 방식을 도입하고, 선발 과정의 투명성을 확보하여 공정하게 선수를 뽑도록 하였다.

당시에는 '선수 추천제'라는 것이 있었다. 선수 추천제란 협회장의 전문적 판단 아래 평소 실력은 월등히 뛰어나지만 선발전에서 아쉽게 떨어진 사람을 올림픽 대표선수로 추천할 수 있는 제도로 이 제도를 적용하면 4등이 3등을 제치고 선발되는 상황도 가능했다.

하지만 MK는 선발 과정은 어디까지나 엄격한 과정을 거쳐 공정하게 진행되어야 한다는 신념이 있었다. 이에 따라 MK는 양궁협회 회장을 맡았던 20년 동안 단 한 번도 예우 차원에서 회장에게 부여되는 대표선수 추천제를 행사하지 않았다. '오로지 기록과 실력으로만 승부하라'는 것이 그의 뜻이기 때문이다.

2. 동기 부여를 확실히 하고 목표 달성자에게 충분히 보상하라

대표선수들의 실력이 향상되려면 무엇보다 동기 부여가 중요했다. MK는 선수들과 코치들에게 "한국에서 1등을 하면 세계에서도 1등을 할 수 있다"는 확신을 높여주었으며, 이것은 선수들에게 금메달을 딸 수 있다는 자신감과 동기를 부여하는 역할을 해주었다. 올림픽과 같은 세계 대회에서 입상했을 때 지급하는 연금 및 인센티브 또한 선수들이 쉴 틈 없이 실력을 갈고 닦게 할 수 있는 원동력이 되었다고 할 수 있다.

한편 코치 경쟁제의 도입 역시 목표 달성에 한 걸음 더 다가가고, 훈련의 동기를 부여하는 또 하나의 전략이었다. 아울러 선수들의 훈련을 강화하고자 훈련 체계를 변화시켰다. 훈련을 많이 시키기 위해 남녀 각 팀에 감독을 각각 2명씩 배치했으며 선수도 남녀 각 8명씩으로 기존보다 2배수를 뽑았다. MK는 기업 경영에서의 경험을 선수 훈련에 접목시켰던 것이다. 출전하기 전까지 경쟁 시스템을 유지함으로써 선수의 역량을 최고조에 이르도록 한 셈이다. 그 결과 선수들의 실력 향상뿐 아니라 감독과 코치의 전문화를 동시에 꾀할 수 있었다.

3. 선수를 조기에 발굴하여 지속적으로 육성하라

양궁의 경우 올림픽 경기 중에는 가장 인기 높은 종목이지만 평상시에는 국민 대부분이 큰 관심을 두지 않는 편이다. 이렇게 해당 종목에 대한 관심이 적으면, 사회 체육이든 엘리트 체육이든 선수로 뛰겠다고 나서는 사람들이 적어지며 해당 종목의 미래도 불투명해진다. 따라서 한국 양궁의 미래를 위해 가장 중요한 것은 '차세대 선수를 발굴하는 것'이었다.

MK는 어릴 때부터 가능성이 보이는 선수를 발굴해 조기 육성하기 위하여 초등학교 양궁대회를 처음으로 개최했다. 또 양궁 팀의 확대를 위해 신생 팀에게 300만 원의 격려금도 지급하는 등의 노력과 함께 기존 선수들에 대한 지속적인 관리 또한 강화했다.

MK의 지속적인 선수 관리는 특히 1998년 IMF 외환위기 때 진가를 발휘했다. 경기 침체로 인하여 스포츠 선수들에 대한 기업의 지원이 대폭 감소했을 때에도 양궁은 25개의 성인 팀과 23개의 대학 팀이 건재할 수 있었다. 다른 사람들이 보지 못한 구조적인 변화를 예견하고 미리 대처한 이 같은 혜안이야말로 양궁 선수층을 유지할 수 있는 원동력이 되었던 셈이다.

4. 스포츠 과학화를 위해 열심히 연구하라

1986년 서울아시안게임을 몇 달 앞두고, 미국 출장을 다녀온 MK가 어느 날 양궁협회로 커다란 화물을 보낸 적이 있다. 이 화물 안에는 심박 수 측정기, 시력 테스트기 등 선수의 기량을 과학적으로 검증할 수 있는 첨단 장비들이 들어 있었다. 과학적 훈련을 위해서는 장비를 먼저 과학화해야 한다며 MK가 출장 중 따로 시간을 내 직접 구입한 것이었다.

우리나라 양궁 선수들은 끈기와 오기 같은 정신력이 강하기로 옛날부터 정평이 나 있었으나 선수들의 신체 관리 측면에 있어서는 경험에 의존하여 과학화된 선진국과 비교해서 상대적으로 열세에 있었다. 이러한 부분을 파악한 MK의 투자로 하드웨어 파워를 강화함으로써 한국 양궁은 세계 최고 수준으로 발돋움할 수 있게 된 것이다.

훈련 장비의 개선과 더불어 선수 개개인의 최적 컨디션을 찾아내고 이를 유지토록 하는 신체 관리의 과학화도 추진되었다. 이를테면 가장 적중률이 높을 때의 혈압을 측정하여 적절한 긴장을 통해 이를 유지하는 훈련을 실시하는 기법 등이 있다.

5. 세계 석권을 목표로 경쟁과 협력을 균형 있게 추진하자

국가대표 양궁선수 선발 이상으로 어려운 과정이 대표팀을 이끌어갈 코칭스태프의 선발 과정이다. 선수의 경우 오직 성적만으로 평가하고 선발할 수 있었지만 코치의 경우는 시합을 통해 우열을 가리기 어렵기 때문이다.

세계 최강의 자리를 차지하기 위해서는 계보, 학벌, 학연, 지연 등에 의한 부작용을 막고, 대한민국의 양궁이 하나로 뭉쳐야 한다는 것이 MK의 신념이었다. 이에 따라 대한양궁협회의 운영과 코치 선발은 양궁인들과 양궁협회 관계자들이 협의하여 원만하게 이루어졌으며, 이는 사심 없이 협력 체제를 이끌어 가는 원동력이 되었다.

6. 인재 사랑은 보이지 않는 곳에서부터 실천한다

선발 과정에서부터 훈련에 이르기까지 혹독하고 엄격한 테스트를 거치는 것은 선수들에게 엄청난 스트레스임에 틀림없다. 88 서울올림픽 금메달리스트인 김수녕 선수는 올림픽 대표 선발 과정에서 무려 6kg이나 살이 빠져 많은 이들이 걱정했다는 일화가 전해질 정도다.

그렇기에 당시 MK는 선수들이 밥을 제대로 먹을 수 있도록 백화점에 직접 들러 햄, 김, 김치 등 선수들이 먹을 반찬을 챙겨 주곤 했다. 또한 선수들이 폴란드에 갔을 때 물이 좋지 않자 스위스에서 식수를 공수해 왔고, 애틀랜타에서는 선수들이 초콜릿을 맛있게 먹는 것을 보고 선수들에게 초콜릿을 박스째로 보내주기도 했다. 선수들이 먹는 음식부터 꼼꼼히 챙겨주어야 제대로 기량을 발휘할 수 있다는 생각에서 세심한 부분까지 신경을 쓴 것이다.

7. 지고는 못 산다

바르셀로나 올림픽에서의 일화다. 스페인과 시합을 할 때인데 자국 선수들을 응원하는 스페인 사람들의 열기가 지나쳐 축구장에나 등장하는 나팔까지 불어대는 모습이었다. 이때 경기장에는 10여 명의 한국인이 뙤약볕 아래 응원을 하고 있었고, 그중에 MK도 끼어 있었다. 그런데 한국 응원단이 수가 적은데다가 심지어 응원 도구도 없어 별다른 응원도 해보지 못한 채 경기가 끝나는 것을 본 MK가 양궁협회의 한 임원을 불렀다.

"내일 대사관에 연락해서 징을 갖고 와서 응원하자!"

응원할 사람이 부족하다면 민속 악기인 징을 동원해서라도 응원해야겠다고 마음먹은 것이다. 이처럼 MK는 '지고는 못 사는' 성격으로 응원에서도 우리가 최고여야 한다고 생각했다.

8. 목표는 높이, 모두의 힘으로 이뤄 가야 한다

대한민국 양궁이 '세계 최고'를 이룬 것은 선수, 지도자 그리고 양궁협회의 지원이라는 세 축이 조화롭게 어우러졌기에 가능했다고 할 수 있다. 그리고 무엇보다 양궁인들의 합심이 없었다면 이루어지기 어려운 신화일 것이다.

양궁 대표선수로 선발되면 엔트리 3명은 적응 훈련을 위하여 각 시·도의 팀을 찾아다니면서 실전 훈련을 하게 된다. 양궁은 다른 종목과 달리 대표팀에 자기 팀 선수가 포함되어 있지 않을지라도 동반 훈련을 잘 해주는 종목이다. 심지어 대표팀이 일선 팀들과 훈련을 같이 하겠다고 요청하면 서로 협조해 주겠다고 나서는 모습을 보인다. 양궁계의 이런 대동단결은 MK를 중심으로 응집력을 갖고 한마음으로 뭉쳐 있기에 가능한 것이다.

9. 새로운 것을 생각하고 또 생각하라

같은 일을 반복적으로, 또는 습관적으로 하게 되면 매너리즘에 빠져 독창성과 열정을 잃어버리게 된다. 이러한 사실을 알고 있는 MK는 결코 명목상의 협회장에 머물러 있지 않았다.

2000년 시드니올림픽부터 양궁 경기의 진행 방식이 기존의 기록경기에서 토너먼트 방식으로 바뀌었는데 이에 양궁 국가대표팀 역시 큰 고민에 빠지게 되었다. 경기 방식의 변화도 문제였지만, 이러한 변화 속에서 선수들을 격려하고 정신적 기둥 역할을 해줄 맏언니가 팀에 없다는 것이 큰 고민이었던 것이다.

이때 MK가 김수녕 선수를 복귀시키면 어떻겠느냐는 의견을 냈다. 그의 갑작스러운 제안에 양궁인들은 하나같이 난색을 표했다. 하지만 MK의 뚝심 있는 요청으로 김수녕 선수는 다시 활을 잡았고, 올림픽 경기보다 어렵다는 대한민국 국가대표 선발 과정을 통과하여 3위로 대표선수 유니폼을 입게 되었다. 남과 다른 눈으로 보고, 생각하고, 행동하는 MK의 사유 체계, 이것이 양궁 신화를 이끈 또 다른 원동력이 되었던 셈이다.

10. 하고자 하는 일에 몸을 던져라

'양궁 신화'라고 일컬어질 만큼 전 국민이 양궁을 올림픽 효자 종목으로 손꼽는 데 주저하지 않지만, 이때까지만 해도 양궁에서 아직까지 못 이룬 꿈이 있었다. 바로 올림픽경기 개인전과 단체전을 모두 석권하여 금메달 4개를 따는 것이었다. 이러한 상황이었기에 MK 또한 4개의 금메달에 대한 기대가 컸으며 협회를 떠난 뒤에도 양궁 전 종목 석권의 꿈을 버리지 않았다.

2008년 베이징올림픽은 라이벌 중 하나인 중국의 안방에서 열린 경기였다. 하지만 이러한 협회의 전폭적인 지지를 등에 업고 우리나라는 베이징올림픽에서 단체전 금메달을 석권하는 것은 물론 개인전 은메달 2개와 동메달 1개까지 거머쥐었다. 이런 성과를 바탕으로 마침내 2016년 브라질 리우데자네이루올림픽에서 '올림픽 양궁 전 종목 4개 금메달 석권'이라는 업적을 달성하는 데에도 성공했다.

이와 같이 목표와 그에 대한 뚝심 있는 추진력은 연속적으로 불타는 욕구와 강렬한 자신감을 불러일으키며 확실한 결정을 내릴 수 있게 도와주는 역할을 한다.

하나의 꿈을 달성하기 원하는 사람은 누구나 한군데로 초점을 맞추고 노력해야 하는 이유다. 자신의 확실한 목표를 정하고, 섣불리 포기하지 않으며, 끊임없이 공부하고 노력한다면 가슴에 품은 꿈을 반드시 이루게 될 것이다.

과감한 추진력과 끊임없는 노력은 위기에 대처하는 데에도 중요한 역할을 한다. 많은 사람들이 과감하게 맞서는 것이 위기를 극복하는 최선의 방법인 것을 알고는 있어도, 그것을 행동으로 옮기는 것이 생각처럼 쉬운 일은 아니기에 소극적으로 대응하게 된다. 그러므로 위기를 기회로 만들기 위해서는 평소에도 준비를 하고 있어야 한다. 맡은 업무와 관련하여 꾸준하게 능력을 개발하고, 관련된 업무나 업종에 대한 정보를 수집하는 등 업무 외적인 시간에도 끊임없는 노력을 해서 자신의 일에 대한 자신감을 갖출 필요가 있다. 자신감이 갖춰지면 위기가 왔을 때 더욱 과감하고 공격적인 결정과 행동을 할 수 있기 때문이다. 이러한 노력과 준비과정이 선행된다면 분명 우리의 삶을 한 단계 업그레이드할 수 있는 기회를 잡을 수 있을 것이다.

셋. 우문현답! 현장이 답이다! - 현장 중시

문견이정聞見而定: 탁상공론보다는 현장에서 보고 듣고 방책을 정함을 뜻함.

많은 사람들에게 큰 인상을 남긴 기아자동차의 카니발 광고가 있다. 카니발을 타고 캠핑을 떠난 가족의 이야기로 시작하는 광고인데 특히 광고 속에 등장하는 아버지가 아이에게 들려주는 이야기는 감동을 자아낸다.

"3D도 4D도 지금 이 하늘의 감동은 전해줄 순 없단다"

"때론 검색이 아닌 경험으로 나만의 답을 찾아봐!"

"떠나야만 알 수 있는 것들"

우리는 정보 홍수 속에서 살고 있다. 가 보지 않은 나라도 구글 어스를 통해서 골목골목까지 마치 그곳에 있는 것처럼 모니터에 띄울 수 있는 세상이다. 2018년 러시아에서 열리는 월드컵 경기를 텔레비전뿐만 아니라 스마트폰과 태블릿을 통하여 어디에서나 실시간으로 시청할 수도 있다.

그런데도 여전히 많은 사람들은 비싼 비용과 시간을 들여서 해외로 여행을 가고, 월드컵을 보기 위해 러시아로 날아간다. 우리가 사진, 동영상, 책, 기사 등을 통해서 걸러진 정보를 보는 것과 직접 눈으로 보고 몸으로 부딪치며 확인한 것은 감동의 크기가 다르고 정보의 질도 다르기 때문이다.

MK가 현장을 중시하는 경영을 펼치는 것도 바로 이런 이유에서라고 할 수 있다. 직접 보고 듣지 않고 서류로만 판단하는 것은 중요한 결정을 할 때 우를 범하기 쉽다. 특히 일정 이상의 전문적인 지식을 가진 사람일수록 직접 보는 것이 중요하기에 MK는 현장에 최우선의 가치를 두고 있다.

'3현주의'라는 것은 '현장'에서 '현물'을 직접 관찰하고 '현실'을 인식하고 나서 문제 해결 방안을 찾아야 한다는 경영 원칙이다.

남의 손과 머리를 거친 2차 정보에 의존하지 말고 본질적인 해결 방안을 찾기 위해 현물이 있는 현장으로 가서 현실을 접하라는 뜻을 담고 있는 셈이다. MK는 이 '3현주의'를 강조하며 항상 현장을 중시하는 경영을 해왔다. 그 결과 이제는 MK를 대표하는 말이 품질과 함께 바로 현장 경영이 되었다.

자동차와 연을 맺으면서부터 수십 년이 지난 지금까지 MK는 현장을 잊은 적이 없다. 항상 현장을 보면서 문제점과 해결점을 찾아 왔다. 그만큼 자동차를 알고 있기에 가능한 발상일 것이다. MK의 현장 방문은 단순한 둘러보기 식이거나 직원들을 격려하는 데 목적이 있는 것이 아니며, 그는 현장에서 항상 송곳같이 날카로운 질문을 함으로써 현장의 실질적인 문제점을 찾아낸다. 그가 얼마나 자동차에 대해 연구하고 관심을 가지고 있는지 증명해 주는 일화가 있다.

1999년 기아자동차를 인수한 후 MK가 화성공장을 방문한 적이 있다. 보통 임원이나 경영자들이 공장을 방문하면 조립 라인을 둘러보는 정도에서 마무리되는 게 일반적이었으나 MK는 조립 라인을 거치지 않고 바로 엔진 공장부터 찾았다. 당시 기아자동차는 T-8D 엔진을 카렌스에 사용하고 있었는데, 이 엔진의 성능이 그다지 좋지 않아 카렌스는 매연이 심하다는 평가를 받고 있었던 상황이었다. 공장을 둘러보던 중 이런 점을 알게 된 MK는 바로 담당 임원을 불러서 엔진 설비를 전부 교체하라고 지시했다. 좋지 않은 엔진으로는 품질을 담보할 수 없다는 것이 그 이유였다.

결국 기아자동차는 엔진 공장의 설비를 교체하는 데 막대한 금액을 들였고, 교체 기간만 1년 6개월이 걸렸다. 사실 천문학적인 금액을 들여 인수하자마자 다시 막대한 금액을 설비에 투자하는 것은 쉬운 결정이 아니다. 하지만 MK는 품질 향상을 위해서라면 어떤 투자도 거침없이 진행했다. 항상 현장을 직접 방문하여 확인했기 때문에 이 같은 과감한 결정이 전격적으로 이루어질 수 있었던 것이다.

연구 개발과 제조 과정뿐만 아니라 판매와 관련해서도 MK는 항상 현장을 우선시했다. 미국 진출, 유럽 진출, 중국 진출 등 굵직한 해외 사업을 앞두고는 항상 현장으로 직접 날아가 현장의 상황을 파악하고, 현장의 직원들을 만나서 이야기를 듣는 것이 일상이었다. 그리스발 경제 위기의 여파로 유럽의 시장이 좋지 않았을 때에도 MK는 직접 유럽을 방문해서 현지의 분위기 체험을 고집했다. 다른 사람을 통해서 걸러지는 정보로는 올바른 판단을 내릴 수 없다는 생각에서 1박 3일간의 강행군을 진행한 것이다.

지금도 MK는 신차의 도면설계도를 차에서든 사무실에서든 시간이 날 때마다 살펴보곤 한다. 신차에는 보통 1,400개 설계도면이 들어가는데 이 어마어마한 양의 설계도면을 4권짜리 책으로 축소해서 꼼꼼하게 살펴보고, 개발자들에게 지시를 하는 것이다. 이는 자동차에 대한 애정만으로는 안 되며, 전문적인 지식을 갖추고 있어야 가능하다. 즉 MK는 전문 경영인이라기보다는 전문 자동차인인 셈이다. 자동차 산업의 큰 방향을 결정할 때 다양하게 지식과 경험을 쌓아온 자동차 전문가만이 어려운 의사 결정을 신속하게 내릴 수 있는데, 그 대표적인 롤 모델이 바로 MK인 것이다.

영화 '300'에는 주인공으로 레오니다스라는 인물이 나온다. 그는 당시 세계를 제패한 대제국 페르시아의 다리우스 1세를 맞아 테르모필레 협곡에서 싸우다가 전사한 스파르타의 용맹한 왕이다.

영화는 다음과 같은 내용으로 진행된다. 두 번에 걸친 그리스 원정에 실패한 다리우스 1세는 20만이 넘는 대군을 이끌고 다시 그리스를 정복하기 위해 침략을 단행했다. 당시 그리스는 여러 개의 도시 국가들로 이루어진 작은 나라로 페르시아에 대항하여 싸우는 것이 불가능해 보이는 상황이었다. 하지만 레오니다스는 절체절명의 위기 상황에서 300명의 정예 부대를 이끌고 그리스로 통하는 관문인 테르모필레 협곡으로 향한다. 그들은 좁은 협곡의 입구를 사력을 다해서 막았지만, 결국 내부자가 페르시아와 내통하여 뒤를 공격당하면서 전멸한다. 그러나 레오니다스와 스파르타 정예 부대의 활약으로 그리스의 나머지 도시 국가들은 안전하게 대피할 수 있었고, 이후 살라미스 해전에서 페르시아의 해군을 대파하면서 페르시아의 침입을 막아 내었다는 역사적 사실이 그 뒤를 따른다.

사실 고대 전쟁에서 왕이 직접 군대를 이끌고 전투에 참가하는 일은 많지 않았다. 하지만 스파르타의 경우는 언제나 왕이 군대와 함께 전쟁에 나갔으며, 왕은 왕인 동시에 군대의 구성원이었다. 왕은 전투의 현장에서 구석구석을 챙기면서 군대를 격려하고, 상황에 따라 작전을 변경하면서 전투를 진행했다. 이 때문에 스파르타는 당시 그리스의 도시 국가들 중에 최강의 전력을 가진 군대를 만들 수 있었다.

현장 곳곳을 누비는 MK를 보면 레오니다스 왕을 떠올릴 수 있다. 세계 곳곳의 생산 현장, 판매 현장을 다니며 직원들을 격려하고 새로운 전략을 짜는 모습이 닮아 있다. MK의 현장 경영은 품질 향상을 통한 경쟁력 확보를 위한 근간이기도 하다. 현장이 원활해야 품질 좋은 완성차를 만들 수 있으며, 각국의 서로 다른 시장 상황을 직접 보고 확인해야만 상황에 따른 전략 수립이 가능하기 때문이다. 결국 MK처럼 현장을 직접 다니며 얻은 모든 정보와 지식이 품질을 담보하는 최선의 무기가 되는 것이다.

넷. '명품'은 '명가'에서 나온다! – 품질 경영

격물치지格物致知: 높은 완성도를 위해 완벽함을 지향하는 습관을 뜻함.

　영화 시상식에서 주연 배우들이 입장하는 통로에는 '레드 카펫'
이 깔린다. 배우들에게 있어서 레드 카펫을 밟으면서 시상식에
입장하는 것은 굉장한 영광으로 여겨진다. 레드 카펫을 밟는다는
건 그만큼 사람들로부터 인정받는다는 것을 뜻하기 때문이다.

　현대차에도 이 레드 카펫이 있는데, 바로 남양연구소이다. 남
양연구소 파워트레인동 건물에 가 보면 입구부터 복도까지 모두
레드 카펫으로 덮여 있는 것을 볼 수 있다. 그 이유는 MK가 신축
한 파워트레인 연구소 건물을 보기 위해 남양연구소를 찾은 데에
서 시작한다. 연구소를 꼼꼼하게 살펴보던 MK가 당시 연구소장
에게 말했다.

　"이런 중요한 일을 하는 사람들한테는 레드 카펫이라도 깔아줘
야 하는 것 아닌가?"

　함께 있던 일행은 당황스러울 수밖에 없었다. 갑작스레 카펫이

라니, 그것도 자동차 연구소에? 그러나 MK는 영화 시상식에서 주연 배우들이 밟고 입장하는 레드 카펫을 연구소에 깔라고 다시 지시했다. 일행 중 그 누구도 쉽사리 이해하지 못했지만 자동차와 한평생을 함께해온 MK의 자취를 생각하면 이해할 수 있는 지시였다.

엔진은 자동차의 심장과 같다. 핵심 중의 핵심인 것이다. 이런 중요한 부분을 담당하는 연구원들이 회사의 주연 배우라는 자부심을 갖고 오로지 연구에만 전념할 수 있도록 분위기를 만들어주라는 의미라고 할 수 있다. 품질에 대한 MK의 의지와 기대가 얼마나 큰지를 보여주는 상징과도 같은 것이 바로 남양연구소의 레드 카펫인 셈이다.

MK가 궁극적으로 강조하는 품질 원칙은 '100-1=0' 원칙이다. 1개 결함은 1개 결함으로 그치는 것이 아니라, 나머지 99개의 모든 장점을 다 잃는다는 뜻이다. 이러한 MK 의지를 반영하는 시설이 바로 현대차 남양연구소의 '파일럿 센터'다. 이는 신차를 양산하기 이전에 종합적으로 테스트할 수 있는 시스템으로서 건설되었다.

이 파일럿 센터에는 웃지 못할 일화가 있다. 신차 생산을 앞두고 파일럿 센터에 모인 직원들이 신차를 분석하는 상황이었다. 정비 파트의 한 직원이 보닛을 열고 작업 공간이 확보되었는지를 확인하려고 했는데 엔진룸의 공간이 협소하여 정비 직원의 손이

들어가지 않는 일이 발생했던 것이다.

정말 아찔한 순간이었다. 만약 파일럿 센터가 없어서 이를 모르고 차를 판매했다면, 간단한 정비 작업조차 엔진을 모두 들어내야 하는 대공사가 될 뻔한 것이다. 이는 시간과 비용에 있어서 소비자에게 큰 손실을 입히는 것이었다. 이처럼 파일럿 센터의 역할은 양산 이전에 가능한 모든 결함을 찾아내는 것에 있는 셈이다.

MK의 품질을 위한 과감한 결단은 이뿐만이 아니다. 현대차의 '품질패스제' 역시 완벽한 고객만족의 일환이다. 회장 취임 직후 다녀온 미국에서 품질과 관련하여 질책을 받은 MK는 설계, 생산, 영업, AS 등 부문별로 나눠져 있던 품질 관련 기능을 묶어 품질본부를 발족시켰다. 그리고 품질회의실을 설치하고 직접 회의를 주관하면서 신차 개발 초기부터 품질을 관리하기 시작했다. 이때 기획, 설계, 생산, 판매까지 단계별로 일정 수준의 품질이 나오지 않으면 다음 단계로 넘어가지 못하도록 하였다. 만족할 만한 품질이 나오지 않으면 비용과 관계없이 모든 과정을 중지하고 개선할 수 있도록 한 것이다.

'품질패스제'와 관련해서 MK의 일화가 전해진다. 기아자동차의 '오피러스' 수출을 앞두고 양재동 본사 품질회의실에서는 최종 품질점검 회의가 열렸다. MK는 이미 회의 이전에 남양연구소에서 수출용 오피러스를 직접 몰고 주행 시험을 했는데 그 과정에서 모기소리만큼 미세한 소음을 확인했다. 소리의 원인은 엔진이었으며, 이를 해결하기 위해서는 저소음 엔진으로 바꾸어야 했으나 그렇게 되면 수출을 40일 이상 늦춰야 하는 상황이었다.

하지만 MK는 수출을 늦추더라도 저소음 엔진으로 바꾸도록 지시했다. 엔진 교체 비용과 수출 지연으로 인한 비용 손실을 생각하면 쉽게 결정하기 힘든 일이었다. 더군다나 이 소음은 일상 운전 환경에서는 거의 확인하기 힘든 것이었음에도 MK의 뜻은 확고했다. 당장 수출이 늦춰지고 비용이 들더라도 감수해야 한다는 것이었다.

현대차의 품질 관리는 특정 조직이나 개인이 관리하는 것이 아니라 이렇게 모든 조직 구성원이 혼연일체가 되어 움직이도록 설계된 글로벌 품질경영 시스템을 통하여 이루어진다. 그리고 다양한 방면에서 전개되는 품질에 대한 MK의 강력한 뚝심은 1990년대 말 값싼 골칫거리라는 이미지였던 현대차가 불과 20년도 안되어 세계 최고를 겨루는 위치에 올라서게 만들었다.

현대차의 LF소나타 광고는 '본질로부터'라는 카피를 통해 자동차의 본질을 이야기한 바 있다.

"어떤 코너에서도 안정적인 Turn
어떤 순간에도 정교한 Stop

차체 설계부터 더 튼튼해진 Protect

어떤 상황에도 기복 없는 Run

자동차의 본질은 결국 이 네 가지 Run, Turn, Stop, Protect"

자동차와 관련된 기술들은 해마다 눈부시게 발전하고 있으며 최근에는 IT 기기와의 접목을 통하여 기술의 범위도 더욱 다양해지는 추세이다. 다양한 부가 장비와 편의 장치들은 이제 소비자들이 자동차를 선택하는 중요한 기준의 하나가 되었다. 그러나 자동차이기 때문에 그 어떤 것보다 중요한 것이 있다. 잘 달리고, 잘 서고, 잘 돌고, 잘 보호하는 것. 이 네 가지는 자동차의 모든 기능을 빼더라도 반드시 지켜져야 하는 '본질'이며 이러한 '본질'을 지키는 것이 최근 현대차의 지향점인 것이다.

다섯. 안 된다는 생각을 버려라! – 도전

무한추구無限追求: 한번 일을 시작하면 끝장을 내려고 노력하는 습관을 뜻함.

비슷한 처지에서 비슷한 일을 한다면 어떤 마음가짐으로 그 일을 대하는가에 따라 성패가 갈린다. 즉 마음가짐이 결과의 차이를 만든다고도 할 수 있는데 가장 중요한 부분은 남들이 하지 못할 것이라는 일에 과감히 도전하는 마음, 그리고 한번 일을 시작하면 끝내는 뚝심이라고 할 수 있다. 그러한 사실을 보여주는 예로 고대 카르타고Carthago의 유명한 장군 한니발Hannibal의 이야기가 전해진다.

그는 9세 때 아버지의 손에 이끌려, 신전에서 반드시 로마를 정복하겠다는 맹세를 했다. 로마와의 전쟁에서 지고 조국 카르타고를 떠나 스페인으로 온 한니발의 아버지에게 있어, 로마는 단순한 적국 이상의 철천지원수였던 것이다. 아버지의 숙원을 물려받은 한니발은 집요하게 로마에 대해 연구하며 아버지 못지않은 절실함으로 전쟁을 준비했다. 그리고 28세가 되던 해 한니발은 10만 명의 군대를 이끌고 로마로 향하며 아무도 생각하지 못했던 일을 감행한다. 바로 알프스 산맥을 넘어 로마로 가는 길을 택했던 것이다.

기원전 218년, 당시의 기술로는 그 높은 산을 넘는 것이 쉽지 않았다. 그렇기 때문에 멀리 가려면 무조건 해안을 따라 움직였으며 이를 알고 있는 로마 군대는 로마에게 우호적인 마르세유 지역에 전군을 주둔시켜 한니발이 로마에 들어오기 전에 격퇴하려는 계획을 세우고 있었다. 이 허점을 찌른 한니발의 작전은 제대로 들어맞았다. 로마군이 없는 알프스 산맥을 통해 로마에 입성한 한니발은 이후 17년간 적국 로마에서 전투를 벌이면서 단한 차례의 패배도 겪지 않았다고 한다.

한니발은 끝내 로마를 정복하지는 못했다. 하지만 목표를 향한 그의 노력만은 생각해 볼만한 부분이다. 신 앞에서 로마 정복을 맹세했던 9세부터 20년간 한니발은 로마와 전투에 대해 계속하여 공부하고 연구하였으며, 이러한 노력 덕분에 로마와의 전투에 관한 한 전문가가 되었던 것이다. 그 결과 유명한 트라시메누스 호수 전투에서 로마의 지형을 이용하여 로마 군대를 압도적으로 물리칠 수 있었던 것이다.

결국 로마 정복에 대한 간절한 마음가짐, 극도의 노력으로 만들어낸 전문성, 아무도 생각하지 못했던 허를 찌르는 도전이 한니발을 로마 전체를 공포에 떨게 만든 위대한 장군으로 만든 것이다. 이처럼 본인의 일에 대한 열정을 갖고 전문가가 되겠다는 마음가짐으로 노력하면 분명히 후회 없는 결과가 나타날 것이다.

MK 역시 일에 대한 열정과 애정, 그리고 도전정신만큼은 누구에게도 뒤지지 않는다. 그 역시 젊은 시절부터 틈만 나면 자동차에 대한 공부를 게을리하지 않았고, 그러한 노력들이 차곡차곡 쌓여 자동차 전문가로서 우뚝 설 수 있었던 것이다. 한니발이 불가능해 보이는 로마 정복이란 목표를 두고 끊임없이 노력했던 것처럼, MK도 불가능을 가능으로 바꿀 수 있다는 마음가짐으로 세계 자동차 시장 정복을 위해 오늘도 최선을 다하고 있다.

이러한 MK의 마음가짐과 노력이 이루어낸 성과는 크다. MK는 1999년 현대차 회장을 맡은 후 기아자동차를 통합하고 6개월 만에 1,500억 원의 흑자 기업으로 정상화시켰던 것이다. 사실 MK가 1999년 현대차 회장으로 취임했을 때, 그가 취할 수 있는 선택의 폭은 그리 넓지 않았다. 하지만 MK가 현대자동차서비스를 24년간 운영해 오면서 얻은 경험과 경륜은 현대차그룹 회장이 되면서 품질경영 정신으로 응집되었다. 그는 현대·기아차에서 가장 시급한 요소가 '더 나은 품질을 갖는 것'이라고 확신했다. MK가 거둔 경영의 성과는 이러한 경륜에서 나온 것으로 평가되고 있다. 더 나아가 해외 자동차 업계는 MK의 경영 방식을 자신들의 전략에 활용하려는 시도를 하고 있기도 하다.

MK는 경쟁사가 피하려는 일을 정면에서 도전하고, 모방만 하면 절대 앞설 수 없다는 점을 본능적으로 간파하는 리더였다. 그렇다고 막무가내로 밀어붙이기만 한 것은 아니었다. 조직을 응집시킬 때에도 탁월한 리더십을 발휘하여 따로따로 제 할 일만 하던 구성원들이 서로 부서 간의 벽을 허물고 상호 협력토록 하는 분위기를 조성해 냈다. 이 무렵부터 남양연구소에서는 '설계−개발−양산−판매' 등 각 부문의 전문가들이 머리를 맞대고 품질 확보를 위한 열띤 토론을 시작했다. 그리고 이 과정에서 MK는 핵심 프로세스를 이해하고 집중적으로 투자하면서 시너지를 극대화했다.

일각에선 MK를 '불도저'라고 일컫기도 하지만 한편으론 굉장히 꼼꼼한 경영자에 속한다. '10년·10만 마일 보증' 서비스를 도입하고 나서도 수차례에 걸쳐 내구성과 품질 등을 파악하여 보고서를 제출하도록 지시한 바 있으며, 시작만 챙기고 후속 조치를 나 몰라라 하는 경영인들과는 근본적으로 다른 리더라고 할 수 있다.

리더 특징은 크게 두 가지로 나눌 수 있다. 첫 번째는 방향 관리Direction management 능력으로 환경의 변화가 있을 때 과연 그 변화를 잘 따라갈 수 있느냐는 것이 관건이다. 삼성이 90년대 아날로그에서 디지털로 산업의 패러다임이 바뀔 당시 과감히 변화를 시도해 대성공을 거둔 것이 그 예라 할 수 있다. 현대차도 금융위기를 겪으면서 세계의 중심이 선진국에서 신흥국으로 넘어가는 것을 놓치지 않았다.

두 번째는 현장 관리이다. 성공한 CEO의 특징은 질적인 것에 대한 집요함이라 할 수 있는데 이를테면 중요한 것은 100번이고 1,000번이고 반복해 외치는 것이다. 누구보다도 MK는 품질에 관해서만큼은 티끌만큼의 관용도 허용하지 않았다. 그것이 오늘날 현대차의 글로벌 성장을 이끌었다 해도 과언이 아닐 것이다.

"논의 벼는 농부들의 발자국 소리를 듣고 자란다."는 말이 있다. 또한 "부지런히 사는 사람은 세상에 어떤 두려움도 없다."는 좌우명처럼 이런 지극 정성과 뚝심의 마인드가 MK 리더십의 핵심이라고 할 수 있다. 강력한 리더십을 가져야만 기업을 끌어가면서 비전을 달성할 수 있다. 리더가 불안하면 리더십은 발현되기 어렵다.

비전만 던져 놓고 실행력이 없다면 몽상가와 다를 바 없다. 하지만 MK는 한번 계획한 목표는 결코 포기하지 않으며, 이를 위해 수백 번, 수천 번 외치고 행동으로 옮기는 리더이다. MK의 이러한 도전적 리더십은 철저한 자기 관리와 성실에서부터 출발한다. 바야흐로 팔순이 넘은 나이임에도 한결같이 그는 일에만 관심을 갖는다. 특별한 취미도 없이 주말이나 휴가 때에도 신문과 뉴스를 보면서 사업 구상을 하곤 한다. 간혹 월요일 아침 회의 때 주말 사이에 벌어진 뉴스에 대해 질문하는 바람에 무방비 상태의 계열사 임원들이 무안을 당하는 경우도 종종 있을 정도이다.

현대차가 40년 만에 100년 역사를 자랑하는 미국 포드나 일본 혼다 등 굴지의 글로벌 기업을 제치고 이룬 성과는 단순히 경영 이론만 가지고는 설명하기 힘든 부분이 많다. 이 같은 초고속 성장 배경에는 여러 요인이 있겠지만 MK의 '품질 경영', '뚝심 리더십', '현장 경영'이 가장 주효했다는 의견이 설득력을 얻고 있다. 특히 MK의 부지런하고 성실하며 열정적으로 앞장서서 실천하는 모습이 '뚝심 리더십' 같은 수식어로 대변되며, 품질 혁신에 대한 MK의 철학과 고집을 조직 전체에 뿌리내리게 한 것이 현대차를 글로벌 톱 기업으로 만들었다는 평가이다.

미국과 중국을 비롯한 전 세계 자동차 시장이 장기 불황을 겪고 있다. 그 속에서 현대·기아차가 해외 공장에 공격적인 투자를 하고 승승장구하고 있는 것은 바로 MK의 투혼이 밑바탕 되지 않고는 불가능했을 것이다. 그럼에도 불구하고 그는 아직도 배가 고프다고 말한다.

"세계 명차와 당당히 경쟁할 자신이 있다."

MK가 최근 신형 제네시스 발표회에서 한 말이다. 그는 또한 "신형 제네시스는 현대차 기술력의 집약체이다. 자동차 본고장인 유럽을 비롯한 해외 시장 진출을 통해 세계 명차들과 당당히 경쟁함으로써, 현대차의 브랜드 가치는 물론 대한민국 자동차 산업의 위상을 높일 것이다."라고 덧붙이기도 하였다.

그의 자신감에 걸맞게 현대차의 프리미엄 자동차 브랜드 '제네시스' G70 모델은 다양한 요소 가운데서도 자동차의 핵심이라고 할 만한 '주행능력'에 있어 다른 어떤 명품 브랜드에도 뒤지지 않는다는 평가를 받고 있다. 탄탄한 차체의 움직임과 경쾌한 가속력으로 동급 차량 중 가장 좋은 평가를 받는 BMW의 3시리즈에도 결코 뒤지지 않는다는 것이다. 이러한 성능과 품질을 통해 G70과 80, 90에 이르기까지 다양한 제네시스 모델들이 중국, 유럽, 미국에서 괄목할 만한 성과를 내고 있다.

자동차 판매량 세계 5위를 뛰어넘어 프리미엄 완성차 시장의 맹주를 꿈꾸는 MK의 포부는 그야말로 거침없다고 할 만하다. MK의 이 같은 부지런함과 저돌적인 자신감, 그리고 강력한 추진력이 시너지를 발휘하여, 현대차를 일류 자동차 회사로 일궈낸 것이다.

여섯. '벽'을 넘어야 '별'이 된다! – 집념

중석몰촉中石沒鏃: 쏜 화살이 돌에 깊이 박힐 정도로 정신을 한곳에 집중하면 무슨 일이든지 이룰 수 있다.

'마부작침磨斧作針'이라는 말이 있다. '도끼를 갈아 바늘을 만든다'는 뜻으로, 아무리 어려운 일이라도 꾸준히 노력하면 이룰 수 있다는 의미인데, 여기엔 당나라의 시인 이백을 고금의 대시인으로 만든 일화가 숨어 있다.

당나라 때 시선詩仙으로 불린 이백李白은 서역의 무역상이었던 아버지를 따라 어린 시절을 촉에서 보냈다. 젊은 시절 도교에 심취하거나, 혹은 유협의 무리들과 어울려 쓰촨성 각지의 산을 떠돌아다니다 결국 학문을 위해 상의산에 들어가게 된다. 그러나 산중에서 공부를 하던 중 이백은 싫증이 나 그만 돌아가고자 하게 된다. 산을 내려오는 길에 이백은 한 노파가 냇가에서 바위에 도끼를 갈고 있는 모습을 보고 이를 궁금하게 여겨 그녀에게 질문한다.

"할머니, 지금 무엇을 하고 계신 것입니까?"
"바늘을 만들려고 한단다."

노파의 대답을 들은 이백은 어이가 없어서 큰 소리로 되물었다.

"아니, 도끼로 바늘을 만든단 말씀입니까?"

가만히 이백을 쳐다보던 노파가 꾸짖듯이 대답했다.

"얘야, 비웃을 일이 아니다. 중도에 그만두지만 않는다면 언젠가는 이 도끼로 바늘을 만들 수가 있단다."

이 말을 들은 이백은 크게 깨달은 바가 있어 그 후로는 한눈팔지 않고 글공부를 열심히 했다는 이야기다. 이백이 오늘날까지 크게 칭송 받는 시인이 된 것은, 당시의 이러한 경험이 계기가 되었기 때문일 것이다. 즉 결과를 만들어 내는 것은 재능이 아니라 '열정'과 '의지'이며 '끈기'라는 것이다. 실제로 결과를 만들어 내지 못하는 사람들의 공통점이 바로 끈기 없는 재능 때문이라고 한다.

고사성어에 담긴 이러한 교훈처럼 평생 동안 MK가 아버지로부터 물려받은 가장 큰 재산은 부지런함이라고 할 것이다. 그 부지런함은 할아버지부터 MK까지 대물림된 것으로, 전형적인 농부였던 MK의 할아버지는 슬하에 6남 2녀의 자식을 두었는데, 장남이 바로 고 정주영 명예회장이었다.

장남이었기 때문에 정 명예회장은 초등학교에 다니면서도 항상 농사일을 도왔고, 새벽 4시에 논에 나가 늦은 밤 별빛을 보고 나서야 발을 씻을 수 있었다고 전해진다. 이렇게 어릴 적부터 부지런한 생활태도는 정 명예회장의 몸에 자연스레 녹아들어 있었던 셈이다. 그가 MK를 비롯한 아들들과 새벽길을 걸어 출근하는 사진은 세간에 화제가 되기도 했었는데 어린 시절의 영향이라고 볼 수 있다. 그렇기에 정 명예회장은 처음 서울에 올라와서도 쌀가게 점원부터 시작하였지만 특유의 부지런함으로 얼마 안 가 그 쌀가게를 인수하여 사장이 되었다. 그리고 이후 타고난 직관과 성실함으로 현대그룹을 설립하게 된 것이다.

MK가 부지런한 것은 이런 부친의 영향이 절대적이었다고 할 수 있다. 정 명예회장은 매일 새벽 5시에 한자리에 자식들과 손자들을 모아서 함께 아침을 먹으며 전형적인 한국식 밥상머리 교육을 실천했다. 아침 식사에 지각하는 자식과 손자는 어김없이 따끔하게 혼을 낼 정도였다고 전해진다. 또한 MK는 사회생활을 시작하면서부터 늘 부친 정 명예회장과 새벽에 같이 출근하고 밤 늦게까지 옆에서 일을 배웠다. 이렇다 보니 정주영 명예회장의 부지런함이 자연스레 몸에 밸 수밖에 없었을 것이다.

一勤天下無難事(일근천하무난사)
百忍堂中有泰和(백인당중유태화)

이 말은 중국의 속담으로 정주영 명예회장의 집에 걸려 있는 글이기도 하다. 하나같이 부지런하면 못 해낼 일이 없고, 백 번을 참을 줄 안다면 집안에 큰 평화가 유지된다는 뜻이다. MK 역시 이 말을 좌우명 삼아 부지런하게 일하는 것을 최고의 가치로 여기고, 부친이 걸은 길을 따라 걷고 있는 것이다. 하지만 단순히 따라 걷는 것에만 그치지 않는다. 정주영 명예회장이 쌀가게에서 시작하여 국내 최고의 기업을 쌓아올렸다면 MK는 자동차로 세계 최고의 기업을 향해 가고 있기 때문이다.

팔순의 나이임에도 MK는 지금도 여전히 새벽 6시가 되면 양재동 사옥으로 출근한다. 항상 다른 회사보다 3~4시간 일찍 업무가 시작되어 9시면 한 차례 업무가 끝이 났던 부친의 행동을 그대로 이어받고 있는 것이다. 특별한 일이 아니면 절대로 출근 시간을 어기는 일이 없거니와 회의를 하다가도 현장에 궁금하거나 확인할 것이 생기면 헬리콥터를 이용해 남양연구소나 공장으로 날아간다. 일에 있어서 늑장을 부리거나 게으른 모습을 보이지 않는 모습이다.

기아자동차 인수 후에 카니발을 집에 가져다 놓고 밤낮으로 살펴본 일화는 일에 있어서 MK가 얼마나 철저하고 부지런한지를 잘 보여주는 대목이다. 주말에도 골프나 여행보다는 일을 할 정도로 일은 MK에게 취미이자 특기이며 농부와 같이 부지런히 움직이고 노력하는 것이 MK의 리더십인 것이다. 굳이 그렇게까지 하지 않아도 되는 자리에 있지만 열정이 MK를 게으를 수 없게

만든다. 언제나 부지런히 공부하고 노력해 온 것이 지금의 MK를
만든 것이다.

"기회를 기다리는 사람이 되기 전에 기회를 얻을 수 있는 실력
을 갖춰야 한다."

도산 안창호 선생의 말이다. 실력을 갖기 위해서 가장 먼저 해
야 할 것은 부지런함을 몸에 익히는 것이다. 그리고 그 시작은 아
침 시간을 제대로 활용하는 것부터 하는 것이 좋다. 영국의 화가
조슈아 레이놀즈는 "근면함은 뛰어난 재능을 더 빛나게 만들어
줄 것이며, 보통 수준의 능력뿐이 없다고 할지라도 그 부족함을
보충해 줄 것이다."라고 말한 바 있다. 즉 근면한 습관은 강점을
더욱 부각시켜 주고, 단점 혹은 평범함을 가려주는 큰 무기가 될
수 있는 것이다.

교육을 담당하면서 젊은 직원들을 만나게 되는데 안타까운 생
각이 들 때가 종종 있다. 자신의 직업에 대해 자부심을 갖고 열심
히 일하는 직원들도 많지만, 이와는 달리 목표설정 의식이나 자
부심이 없는 상태로 무의미하게 일하는 직원들도 상당수이기 때
문이다. 자신의 일이 무의미하다고 생각되면 자연히 하는 일이
지겨워지고, 일을 하면서 다른 생각에 사로잡힐 수밖에 없다. 결
국 1~2년 시간만 보내다가 지금 하는 일이 맞지 않는다며 새로

운 일을 찾아 떠나게 된다.

물론 한곳에 정착하는 대신 이것저것 하다가 자신에게 맞는 일을 찾는 경우도 드물게 있긴 하다. 그러나 그 반대의 경우가 더 많은 것이 사실이다. 그렇기에 현재의 일에 만족하지 못한 채 아무런 대안 없이 지내다가, 궁여지책으로 새로운 일을 찾는다는 것은 무척 어리석은 일이라고 할 수 있다.

무엇보다 지금 자신이 일하고 있는 분야에서 최고의 장인이 되겠다는 신념으로 최선의 노력을 다해야 할 것이다. 이러한 노력을 했는데도 자신의 일이 맞지 않는다는 생각이 들면, 그때 다른 일을 찾아도 늦지 않다. 노력이 선행된 사람이라면 진로가 달라져도 분명히 성공할 수 있기 때문이다.

"천재는 1%의 영감과 99%의 노력이 만든다."라는 발명왕 에디슨의 말처럼, 노력하는 사람을 따라올 사람은 없으며 그 노력의 첫 단계가 바로 부지런함이다. 지금 바로 어떤 거창한 계획보다 하루를 조금 더 부지런하게 살아가는 방법과 계획을 세워보자. 한 달, 일 년이 지나면 회사와 가정에서 바뀌어 있는 자신의 모습을 보게 될 것이다. 하지만 만약 부지런하지 않다면 아무리 좋은 기회가 찾아와도 그 기회를 살릴 수가 없는 것이다.

일곱. 2등과 1등의 차이는? - 스피드

선즉제인先即制人: 남보다 한 발 빠른 것을 추구하는 습관

오늘날의 현대자동차는 1968년 출시한 '코티나'에서 시작한다. 사실 이 차는 개발을 했다기보다는 포드사에서 부품을 공급받아 조립한 것인데 5,000대 중 2,000대가 불량일 정도로 문제가 많은 차였다. 부품을 미국에서 들여와야 했기 때문에 하나를 바꾸려고 해도 1~2개월은 족히 기다려야 했다.

이 무렵 MK는 털털거리는 자동차를 타고 전국을 돌아다니면서 직접 부품을 찾고, 고객도 만나면서 자동차에 대한 애정을 키웠다. 하지만 1977년 MK는 현대정공을 설립하고 자동차가 아닌 컨테이너 사업을 먼저 시작하게 된다. 그렇게 현대정공은 전 세계 컨테이너의 30% 이상을 공급하는 세계 1위 업체로 성장하게 되지만 시간이 지난 후 컨테이너 사업 성장에 한계가 오고 있다고 판단한 MK는 새로운 일을 고민하게 된다. 그 고민의 결과가 자신이 가장 잘 아는 것, 자동차였다. 현대정공에서 자동차를 생산하기로 한 것이다.

하지만 컨테이너를 만드는 회사가 자동차를 만든다는 것은 일반인이 생각해도 상식적으로 쉽지 않은 일이었다. 부친인 정주영 명예회장조차 MK가 자동차를 만들어 보겠다고 했을 때, 가능하겠냐고 의문을 가질 정도였다. 물론 나중에는 허락을 하고 지

원을 아끼지 않았으나 정 명예회장조차 의문을 가질 정도로 당시에는 어느 누구도 이것이 쉽게 가능할 것이라고 생각하지 않았던 것이다. 그러나 MK는 현대자동차서비스 시절 직접 부품을 공수하고 정비를 하면서 자동차에 대해서만큼은 자신이 있었다. 이때에도 MK 특유의 뚝심이 발휘된 셈이다.

갤로퍼는 출시 1년 만인 1992년 국내 4륜 구동차 시장 점유율 1위를 달성했다. 처음 갤로퍼를 만들 때, MK는 일본의 미쓰비시에서 도움을 받았는데, 당시 미쓰비시는 4륜 구동차 시장에서 상당한 경쟁력을 가지고 있었다. 때문에 기술 이전을 해주면서도 자동차를 조립해 본 경험조차 없는 현대정공이 어떻게 자신들을 따라올 수 있겠느냐고 얕잡아 보았을 가능성이 높다. 하지만 미쓰비시의 판단은 완전히 틀린 것이었다.

갤로퍼 성공 이후 MK는 더욱더 자동차에 매진했고, 현대자동차를 맡게 되면서 기술 개발에 가속도를 붙였다. 20여 년 전 기술을 배워왔던 미쓰비시에게 이제는 엔진 기술을 이전해 줄 정도로 위치가 역전된 것이다. 세계 시장에서의 판매량은 물론이고 인프라, 브랜드 인지도 등에서도 미쓰비시를 완전하게 앞질렀으며 지금에 와선 미쓰비시뿐만 아니라 GM과 폭스바겐 등등 세계 유수의 자동차 브랜드들이 현대차를 예의주시하며 벤치마킹하고 있는 상황이다.

갤로퍼를 보면 MK와 참 많이 닮아 있다. 갤로퍼는 MK의 결

단력과 추진력의 결정체라고 할 수 있다. 험한 비포장도로에서
도 거침없이 달려가는 모습은 어떤 위기 앞에서도 주저하지 않는
MK의 뚝심을 닮았으며, 그 튼튼한 외관과 차체는 MK의 겉모습
과 닮았다. 갤로퍼는 이렇게 MK의 뚝심과 결단력, 추진력이 오
롯이 담긴 결과물인 것이다.

　무한 경쟁의 기업사회 속에서 무엇이든 한 발짝 먼저 실현해내
는 '스피드'는 MK의 중요한 대표강점 중 하나라고 할 수 있다. 하
지만 '스피드'라는 강점을 긍정적으로 살려내기 위해서는 반드시
필요한 요소가 있다. 바로 '돌관突貫 정신'이다.
　돌관 정신은 어떤 장애물이 가로막아도 목표를 향해 흔들림 없
이 돌진해 목표를 이루는 것을 말한다. 이러한 돌관 정신과 뚝심
이야말로 남보다 한 발짝 빠른 성과를 창출해내는 스피드의 근본
이라고 할 수 있다.

　MK는 '하면 된다', '반드시 해낸다'는 생각으로 현장에서 밤을
새우는 것을 마다하지 않고 달렸다. 모두가 안 될 것이라고 했던
자동차 생산도 MK는 선친으로부터 물려받은 돌관 정신과 뚝심
으로 갤로퍼를 성공시키면서 이루어 냈다. 그러나 돌관 정신과
뚝심은 단순히 밀어붙이는 것을 일컫는 것이 아니라는 것 역시
알아야 한다. 기업은 혼자의 힘으로 운영되는 것이 아니기 때문
이다. 구성원을 독려하여 그들과 함께 움직이기 위해서는 합당한

이유가 있어야 한다.

현대정공에서 컨테이너 사업을 추진하던 무렵, MK는 공장이 건설되기도 전에 해외에서 5,000개의 컨테이너를 수주했다. 납기를 맞추려면 완공 시기를 5개월이나 앞당겨야 하는 상황이었기에 MK는 공사 현장에 텐트를 치고 지내면서 직원들을 독려하는 모습을 보였다. 리더가 스스로 움직여 만든 5,000개 납품이라는 성과가 있었기 때문에 공사 현장의 구성원들은 어느 때보다 열심히 움직였고, 결국 납품 기한을 맞춰 5,000개의 컨테이너를 만들어 낼 수 있었던 것이다.

단순히 무조건 한다고 되는 것이 아니라는 것이다. 뚝심과 돌관 정신으로 일을 해내기 위해서는 무엇보다 일에 대한 지식과 애정이 뒷받침되어야 한다. 평소 관심도 없고 지식도 전무한 일을 기회가 생겼다고 무조건 밀어붙이는 것은 오히려 무모한 일이 된다. 기회는 자신의 강점을 발휘하여 자기가 가장 잘 아는 분야, 가장 애정을 갖는 분야에서 찾아야 하는 것이다. 자신이 일하고 있는 분야나 업무에 대해 지속적으로 능력을 키우고, 기회가 왔을 때에는 주저하지 말고 밀어붙여서 그 기회를 살리는 것이 필요하다. 이를테면 자동차 전문가로서 MK의 강점은 결단력과 추진력, 부지런함, 스피드, 탐구심, 인간성, 뚝심 등이다. 동행의 마음가짐으로 이러한 강점을 활용할 때 큰 성과가 나타나는 것이다.

여덟. 2심방 2심실을 열어라! – 소통

사통팔달四通八達: 길이 사방팔방으로 통해 있음. 길이 여러 군데로 막힘없이 통한다.

우리나라 역사에서 가장 위대한 성군으로 꼽히는 왕이 세종대왕이다. 전 세계가 최고의 문자로 인정하는 한글을 창제했으며, 조선 전기의 혼란스러운 정국을 잘 다스려 전성기를 이끌었기 때문이다. 그렇기 때문에 최근에는 세종대왕의 리더십에 대하여 활발한 연구가 이루어지고 있으며, 기업들에서도 세종대왕의 리더십에 대한 교육이 활발하게 이루어지고 있다.

세종대왕 리더십의 핵심은 바로 소통이다. 세종대왕을 이야기하면서 가장 먼저 꼽는 것이 바로 위민사상為民思想인데 이는 백성과 소통하고자 하는 세종대왕의 철학을 드러내는 것이라고 할 수 있다.

또한 우리가 익히 알고 있는 것처럼 이 위민사상의 결정체가 바로 훈민정음이다. 훈민정음 해례본 어제서문御製序文에서는 나라의 말이 중국과 달라 백성들이 하고 싶은 말을 쓰려고 해도 쓰기가 어려우니, 쉽게 쓸 수 있는 글을 만들었다고 밝히고 있다. 한문이 백성들이 배우기에 어려웠으며, 글을 읽고 쓰지 못해서 오는 백성들의 불편함을 눈여겨보고 한글을 만들기를 마음먹은 것이다. 세종대왕은 쉬운 글자를 통해 조선의 백성 모두가 소통에 어려움을 겪지 않는 세상을 꿈꾼 셈이다.

MK의 소통과 교육에 대한 의지 및 동반 성장, 동행에 대한 의지는 세종대왕이 보여준 모습과 흡사한데 이는 평소 MK가 닮고 싶어 하는 인물로 세종대왕을 언급한 것과 무관하지 않다. 그런 면에서 볼 때 MK가 가진 핵심강점 중 하나가 바로 '소통'을 중요시하고 거리낌 없이 직접 실천하는 자세라고 할 수 있을 것이다.

MK가 현대자동차서비스 사장으로 부임했을 때 자주 회사에 머물면서 군화 차림으로 직접 현장 지휘를 하곤 했다. 특별한 약속이 없으면 꼭 구내식당에서 직원들과 같이 식사를 하면서 대화를 했다. 그리고 일이 끝나고 나서도 정비공장 앞 슈퍼에서 직원들과 소주를 마시거나, 공장에서 삼겹살에 소주 한잔을 곁들이며 현장 직원들의 이야기를 귀담아 들었다. 또 정비차량을 타고 직접 순회정비를 나서거나 부품 판매 영업을 다니는 등, 회사가 바쁘고 힘들 때일수록 현장에서 직원들과 같이하려고 노력하는 모습이었다.

또한 그는 평소 임원들에게도 임원들끼리의 골프보다는 직원들과의 모임을 더 많이 갖도록 이야기한다고 알려져 있다. 평상시 직원들과 많은 대화 및 스킨십을 할수록 어려운 시기에 단합할 수 있는 힘을 기를 수 있다고 생각하기 때문이다. 이런 생각들은 현대자동차 그룹 특유의 조직문화를 형성하는 데 기여했으며, 덕분에 어려운 시기나 커다란 목표를 앞에 두고 현대차의 전 임직원들이 단합하는 모습을 볼 수 있다.

또한 MK는 경리부에 AS 현장 직원들의 신혼여행을 준비하도록 지시한 적이 있다. 현장을 다니면서 직원들과 이런저런 이야기를 나누다가, AS를 담당하는 직원들 중에 결혼을 하고도 신혼여행을 못 간 사람들이 있다는 것을 알았기 때문이다. MK는 신혼여행을 가지 못한 직원들 모두에게 신혼여행을 보내주어야겠다고 결심하고 실행에 옮겼다.

경리부에서는 적극적으로 나서는 것을 꺼렸다. 비용이 만만치 않았던 탓이다. 그러나 MK의 확고한 의지로 프로젝트는 진행되었고, 500쌍의 현장 직원들이 2년에 걸쳐 3박 4일간의 뒤늦은 제주도 신혼여행을 다녀오게 되었다. 또한 프로젝트 이후 이 신혼여행을 계기로 직원들의 사기와 업무 효율이 눈에 띄게 좋아졌다는 보고가 있었다. 직원들의 푸념을 놓치지 않고 배려한 MK의 인간성이 엿보이는 대목이다.

소통과 배려의 힘은 경영의 현장에서도 나타난다. 인도에서 최단 기간 50만 대 판매라는 기록을 세운 '상트로'는 최우선적으로 소비자를 배려한 변화로 성공을 이룰 수 있었다. 한국에서는 '아토스'로 판매되는 모델을 인도 현지에 맞게 변형했는데 인도의 더운 날씨를 배려하여 냉방 장치를 강화하였으며 경적의 내구성에 특히 신경을 썼다. 도로가 제대로 갖춰지지 않아 인도와 차도의 구분이 모호하고 자전거와 오토바이, 심지어 마차까지 뒤섞여 있는 인도에서는 운전 중에 경적을 많이 사용할 수밖에 없는 탓이다. 또한 터번을 쓰고 다니는 인도의 운전자들을 배려하여 자동차의 천장을 높였다. 이렇게 현지의 생활과 사정에 맞게 상품에 변화를 주는 전략을 구사하면 소비자들은 배려 받고 있음을 느끼게 되고 곧바로 판매로 이어지게 되는 것이다.

마쓰시타 전기(현재 파나소닉) 창업주인 '경영의 신' 마쓰시타 고노스케松下幸之助는 기업의 경영에 대해 이렇게 말한 바 있다.

"기업 경영의 과거형은 관리였습니다. 현재형은 소통입니다. 그리고 경영의 미래형 역시 소통입니다."

소통, 즉 커뮤니케이션이 기업의 현재와 미래를 결정짓는 핵심 가치가 될 것이란 의미이다. 소통이 없는 조직은 결국 권위주의로 흘러갈 수밖에 없기 때문이다. 권위주의적인 조직에서는 직원들의 재능과 능력, 소신을 제대로 발휘하지 못하게 된다. 즉 리더로서 동료에게 먼저 다가가고, 먼저 말을 걸어 본다면 구성원 간의 스킨십을 통한 감성경영은 물론 개인의 업무 능력까지도 향상시키는 경험을 할 수 있을 것이다. 이러한 소통의 중요성을 알려주는 사례가 알렉산더 대왕의 일화다.

그리스 변방의 작은 나라 마케도니아Macedonia를 세계의 패권국으로 만든 알렉산더 대왕의 장점은 용맹함과 뛰어난 계략이었다. 그는 그리스와 테베의 팔랑크스Phalanx 전법을 응용한 '망치와 모루' 전법으로 거대 제국 페르시아를 무너뜨리고 아시아, 유럽, 아프리카에 이르는 대제국을 건설했다. 하지만 알렉산더가 젊은 나이에 말라리아에 걸려 죽고 나자, 영원할 것 같던 알렉산더의 제국은 뿔뿔이 흩어져 버렸다. 무슨 이유일까? 알렉산더는 전장에서는 뛰어난 장군이었지만, 인간관계는 뛰어나지 못했기 때문이다. 그는 부하들을 믿지 못했기 때문에 위기의 상황에서 자신을 대신할 만한 2인자를 만들지 못했다.

제대로 된 인간관계가 형성되지 않는다면 알렉산더의 제국처럼 지금의 풍요와 안정이 모래 위에 쌓은 탑이 되어 무너져 버릴 수 있다. 사람은 자신이 속한 조직 내에서 올바른 관계를 형성하고 유지하려고 노력해야만 발전할 수 있는 존재다. 특히 업무와 관련해서 혼자서 할 수 있는 것은 없기에 개인의 능력만으로 발전한 조직은 영원할 수 없다. MK가 다양한 활동으로 인간관계를 형성하는 이유도 여기에 있다.

아홉. '안주'하면 남의 '안주'가 된다! - 배움

불치하문不恥下問: (지위, 학식, 나이 따위가) 자기보다 아래인 사람에게 묻는 것을 부끄럽게 여기지 아니함.

"군자는 아랫사람에게 묻는 것을 부끄러워하지 않는다."라는 말이 있다. 그 유래는 다음과 같다. 중국 춘추시대에 위나라의 대부인 공어라는 사람이 있었는데 그는 여러 가지 이유로 평판이 좋지 않은 사람이었다. 그럼에도 불구하고 공자는 이 공어에게 공문자라 하여 문文이라는 당대 최상의 시호를 붙여 주었다. 그 이유를 묻는 제자에게 공자는 이렇게 대답했다고 전해진다.

"敏而好學 不恥下問(민이호학 불치하문: 총명하면서 학문을 좋아하며, 아랫사람에게도 물어보기를 부끄러워하지 않는다)."

즉 공어는 학문에 조예가 깊고 총명하면서도 배움을 위해서는 학문의 수준이나 지위가 낮은 사람을 찾아가 배우는 것을 당연히 여겼던 사람이기에, 문이라는 시호를 붙여 주었다는 이야기이다. 이처럼 필요한 것을 배울 때 그 대상을 가리면 안 된다. 기업도 마찬가지로 필요하다면 경쟁사에게도 배워야 한다. 단지 경쟁사라는 이유로 폄하하고 비판하는 태도는 기업의 발전을 도모할 수 없다.

 MK가 현대자동차그룹의 성장을 만들어 낸 원동력 중 하나는 경쟁사에게도 배울 것은 배워서 자신의 것으로 만드는 벤치마킹에 있었다. 갤로퍼를 만들 때에도 미쓰비시를 철저하게 배워 성공했던 것처럼, 필요하다면 경쟁사에게 배워오는 것을 마다하지 않는 유연함이 바로 MK의 강점인 것이다. MK는 중요한 결정을 앞둘 때면 벤치마킹을 통해 받아들일 것은 받아들이고, 버릴 것은 버리면서 의사 결정을 해왔다.

 현대정공 시절 MK는 갤로퍼의 성공으로 1996년에 싼타모를 출시했다. 하지만 고민이 있었는데 그것은 2종의 차량으로는 자동차 산업에서 살아남기 힘들다는 사실이었다. 게다가 2종의 차량 생산량은 8만 대에 불과했지만 현대자동차가 있었기에 마음대로 차종을 늘릴 수도 없는 상황이었다.

 이런 상황에서 MK가 주목한 것은 혼다였다. RV에 강점을 가지고 있으면서도 순수 독자 기술로 성장한 혼다가 현대정공의 성장 모델로는 제격이라고 생각했던 것이다. 이에 MK는 직접 일본으로 날아가 혼다의 생산 공장과 연구소를 둘러보며 벤치마킹한 후, 현대정공의 자동차 사업의 활로를 모색했다. 이후 현대자동차를 맡고 기아자동차를 인수한 후에도 혼다 벤치마킹은 계속되었다. 국내영업본부의 직원들을 일본에 있는 혼다 딜러점으로 보내 '생애고객관리' 프로그램을 집중적으로 배워오게 하였고, 이것을 현대자동차의 영업에 접목하기 위해 연구하고 또 연구했다.

혼다처럼 배워서 내 것으로 만든 경우도 있지만, 경쟁사를 타산지석 삼아 중요한 결정을 내린 적도 있다. 2001년 남미 진출을 고민하던 MK는 전격적으로 브라질에 있는 벤츠 공장을 방문하여 공장을 둘러보고 지분을 매입, 합작 투자하는 방식으로 브라질에 진출하는 방안을 검토했다. 수개월 전부터 투자 타당성을 조사한 보고서를 검토해 왔어도, 대규모 투자를 위한 결정이기에 이번에도 현장을 직접 보는 것이 중요하다고 생각했던 것이다.

현장에서 생산 중이던 A300 모델을 타고 공장을 둘러본 MK는 차의 성능과 공장 시설 모두에 만족하였으나 투자는 하지 않았다. 브라질의 소득 수준과 경제 상황을 고려할 때 너무 고급스러운 시설과 차량이어서 현대자동차의 타깃 고객층과는 맞지 않는다고 확신한 것이다. 즉, 벤치마킹을 통해 벤츠를 따라가지 말아야겠다는 결정을 한 셈이다.

이처럼 MK는 필요한 것을 배우는 데에는 그 대상을 가리지 않아야 한다고 생각한다. 단지 배우는 것으로 그치는 것이 아니라, 배운 것을 토대로 연구하여 내 것으로 만드는 것이 중요하다는 뜻이다. 이와 더불어 필요하거나 부족한 것을 배우는 일에는 시간과 비용을 아끼지 말 것을 모든 계열사에 강조하고 있다.

  독일의 유명한 시인이자 극작가인 괴테는 "가장 유능한 자는 부단히 배우는 자다."라고 말한 바 있다. 배우려고 하는 의지와 노력이 중요함을 강조하는 말이다. 우리는 직업을 갖고 나면 배우는 것을 꺼려하는 경향이 있다. 무언가를 배운다는 것이 말처럼 쉬운 일만은 아닌 이유도 있겠지만 무엇보다 배우고 나면 응당 배움에 대한 결과를 즉각적으로 바라기 때문에 더욱 어려워지는 것이다.

  하지만 결과에 너무 부담 갖지 않고 배우려는 노력 자체에 더 큰 의미를 둔다면, 보다 쉽게 자신의 현재 업무와 미래에 도움이 될 수 있는 것들을 배울 수 있다. 또한 이런 배움이 차곡차곡 쌓여 간다면 머지않아 그 성과를 확인할 수 있을 것이다. 즉 물질과 사람은 배신할 수 있지만 "배움은 절대 배신하지 않는다."

지금 하는 일로
'황금 알'을 낳아라!

하나. 고객은 항상 떠날 생각만 한다! – 고객 최우선

　호주의 한 경영자가 일본 생산성 본부를 방문했을 때 일이다. 그는 마침 잔돈이 필요해 안내 창구에 있는 안내인에게 1만 엔짜리 지폐를 주고 잔돈으로 바꿔 달라고 부탁했다. 그러자 그 안내인은 5천 엔짜리 지폐 한 장, 1천 엔짜리 지폐 네 장, 5백 엔짜리 동전 한 개, 1백 엔짜리 동전 다섯 개를 건네주었다. 이와 같은 고객에 대한 배려에 그 경영자는 "바로 이것이 일본의 생산성이 구나!"라고 감탄했다고 한다.

　고객을 관리하는 데 '10·10·10' 법칙이란 게 있다. 이 법칙은 한 사람의 고객을 유지하는 데 10만 원이 들고, 한 사람의 고객을 잃는 데는 10초밖에 걸리지 않고, 한 사람의 고객을 다시 찾는 데는 10년이 걸린다는 이야기다. 미국의 갤럽 조사에 따르면 고객 서비스에 불만을 느낀 고객 중 말로 표현하는 사람은 불과 4% 정도일 뿐이라고 한다. 나머지 96%는 단지 침묵하고 있을 뿐이다. 그러나 그 고객 96%는 이미 그 기업에서 멀리 떠났다고 보아야 한다. 다음의 일화는 고객 최우선이라는 것이 무엇인지 잘 보여준다.

더그 리치는 MRI라는 의료영상장비를 개발한 기술자입니다. GE에서 일하던 그는 스스로를 단순한 기술자가 아니라 생명을 살리는 사람이라고 생각했습니다. 그만큼 자신이 개발한 의료장비에 자부심을 갖고 있었죠. 어느 날 그는 자신이 만든 MRI 기계를 사용하고 있는 병원에 가게 되었습니다. 그런데 한 여자아이가 MRI 검사실 앞에서 겁에 질려 울고 있었습니다. 엄마와 아빠는 딸아이를 달래느라 쩔쩔매고 있었죠. 겁에 질린 아이는 아무리 달래도 울음을 그치지 않았습니다.

그는 병원 관계자에게 어린이 환자 중 80%가 MRI 촬영 전에 진정제를 맞는다는 얘기를 들었습니다. 실제로 MRI 촬영을 하려면 굉음이 들리는 거대한 원통형의 장비 속에 들어가 꼼짝 않고 있어야 하기 때문에 어른들도 괴로워하죠. 그는 어린아이들이 MRI 촬영을 그토록 두려워한다는 사실을 알고 마음이 무거웠습니다. MRI를 통해 생명을 구한다고 생각했는데, 정작 아이들은 촬영 때문에 고통을 겪고 있었던 것입니다.

하지만 정확한 검사를 하려면 MRI 촬영은 피할 수 없었습니다. 그는 어린 아이들이 두려워하지 않고 재미있게 촬영을 할 수 있는 방법이 없을까 고민했죠. 그리고 어린이 고객의 입장에서 MRI 검사 과정을 새롭게 디자인했습니다. 바로 검사 과정을 하나의 모험으로 바꾼 것이죠.

그는 검사실 벽에 파란 바다와 파란 하늘을 그려 넣었습니다. 촬영 기계에는 해적선의 갑판을 그려 넣었죠. 검사실에 들어서면 MRI 촬영기사가 어린이들에게 이렇게 말합니다.

"어서 오렴. 조금 있으면 이 해적선에 타게 될 거야. 해적선이 출발하면 무시무시한 소음을 내는데, 그때 움직이거나 소리치면 안 돼. 그러면 해적들이 널 발견할 테니까. 자 준비됐니?"

아이들은 호기심에 눈을 동그랗게 뜨고 고개를 끄덕였죠. 촬영이 시작되면 기계가 서서히 움직이면서 커다란 굉음을 내지만, 아이들은 꼼짝하지 않고 무사히 촬영을 마칩니다. 해적들에게 들키면 안 되니까요!

이 시도는 대단히 성공적이었습니다. 예전에는 어린이 환자 중 80%가 MRI를 찍기 전에 진정제를 맞았습니다. 하지만 지금은 약 10%만 진정제를 맞죠. 병원에서는 진정제를 투여하기 위해 마취 의사를 부르지 않아도 되고, 더 많은 아이들이 검사를 받을 수 있으니 매우 만족해하고 있습니다. 더그 리치 역시 자부심을 회복하게 되었죠. MRI 촬영을 마치고 검사실에서 나오는 여자아이가 엄마에게 달려와 하는 소리를 들었거든요.

"엄마! 내일 또 와도 돼?"

더그 리치는 MRI 촬영을 두려워하는 어린 환자들의 고충을 이해하고, 그들의 입장에서 적극적으로 문제를 해결했기에 MRI 기술자로서의 명성과 자부심을 되찾을 수 있었습니다. 기술의 완성도뿐 아니라 제품을 사용하는 고객의 마음까지 헤아리는 것, 그것이 진정한 기술자의 태도가 아닐까요?(현대그룹 핵심가치 자료 발췌)

그렇다면 '고객 최우선'의 중심, 고객은 도대체 무엇일까? 필자는 고객은 꿈이고, 밥이고, 약이라고 본다. 필자가 이 고객이란 것을 분석해보았다. 우선 '고객'이란 단어를 유심히 보겠다. 이것을 쪼개보면 '고개+ㄱ'이 된다. 이것을 액면 그대로 해석을 하면 고객은 최소한 7번을 "아니오!"라면서 고개를 젓는 사람이고, 또한 7번의 고개를 넘어야 할 큰 장벽이다. 말하자면 만만치 않은 대상이라는 것이다. 또한 필자는 고객은 돈이라고 생각한다. 바로 이것 때문에 '고내편' 즉 '고객 내 편 만들기'라는 전략을 짜야 한다.

고객의 부류에는 세 가지가 있다. 먼저 고객高客이다. 이들은 우선 만나면 'No', '아니오!'라고 한다. 콧대가 높은 사람들이고 들으려고 하지 않는다. 대개 세일즈맨들이 여기서 좌절하기가 쉽다. 그러나 성공하는 세일즈맨들은 여기서 포기하지 않고 '포기'의 '포'자를 '오'로 바꿔서 '오기'를 부린다. 이렇게 되면 고객들은 바로 고객考客으로 성향을 바꾸기 시작한다. 당신이 포기하지 않고 들이대면 이들이 변하기 때문이다. 그래서 이들은 고려하는 사람으로 변한다. 이는 당신에게 계속해서 오라는 즉 On이라는 신호를 주는 셈이다. 이런 과정을 거쳐서 죽기 아니면 까무러치기로 지속적으로 고객을 대하면 이들이 바로 고객固客이 되어 여러분의 평생 고객으로 남게 된다. 그렇게 되면 이들은 여러분을 볼 때 마다 와우WOW를 외쳐대면서 여러분의 편이 되는 것이다. 물론 말처럼 쉬운 것은 아니지만 성공자들이 거쳐 가는 '오기'와 '들이대기'와 '죽기 아니면 까무러치기'를 하면 이런 열매를 얻을 수 있다.

자, 그렇다면 왜 고객이 돈이 될까? 여기서 아주 중요한 공식을 찾아낼 수 있다. 고객이 단계별로 신호를 보내는 것을 보면 첫째, 'NO'이다. 다음은 'ON'이다. 끝으로 'WOW'이다. 이 세 가지 단어에서 앞 자만 따오면 'NOW'가 된다. 이것은 지금 또는 현재라는 것이 되는데 이것을 거꾸로 읽으면 'WON', 즉 우리의 돈이 되는 것이다. 결국 현재NOW의 고객은 바로 돈WON이 되는 것이다.

도대체 장사를 잘하는 기업이나 사람은 고객을 어떻게 생각할까? 일본은 시니세老舗라고 불리는 수백 년이 넘은 장수기업이나 가게가 많기로 유명하다. 이들에겐 분명히 색다른 성공 DNA가 있을 것이다. 한 기업을 소개하겠다. 이 기업은 '쓰루가야'라는 600년이 넘은 과자점이다. 이 가게가 유명하게 된 것은 한 사람의 고객도 소홀히 하지 않는다는 점 때문이다. 이 가게의 사시는

'하찮은 고객은 한 사람도 없다'이다.

대개 일본 과자나 떡은 케이스에 포장이 되어 있어 낱개로는 팔지 않는다. 그런데 이 가게는 한 개라도 파는 정신을 갖고 있다. "단 한 개의 과자를 사는 손님에게도 똑같이 친절하라!"인 것이다. "한 개의 물건이라도 사 주는 손님은 우리의 부모와 같다. 그들이 우리의 생계를 책임져준다."라는 정신이다. 바로 이런 정신이 600년이라는 기업을 이룬 것이다.

손님을 상대하는 데에 가장 중요한 것은 웃음이다. 웃음을 과학적으로 연구한 전문가들이 밝힌 재미있는 통계가 있다. 여섯 살 난 아이는 하루에 3백 번 웃는 반면에 정상적인 성인은 겨우 일곱 번 웃는다고 한다. 정말 웃지 못할 이야기다. 미소는 살 수도 없고, 벌 수도 없고, 빌릴 수도 없고, 도둑질할 수도 없다. 이것은 별로 소비되는 것은 없으나 건설하는 것은 많으며, 이것을 주는 사람은 해롭지 않고, 받는 사람에게는 넘치며, 이것 없이 참으로 부자 된 사람이 없다. 언제나 웃는 얼굴엔 행운도 금전도 고객도 따른다. 항상 당신의 얼굴에 미소를 심어라.

매직 넘버 10을 명심하라. 매장에서 고객의 인상은 그 매장에 들어오는 첫 10분이 좌우한다. 다음은 영업의 기본 용어다. 밥 먹듯 연습해서 입에 달고 다녀라. 그리고 고객을 대할 때 큰 소리로 외쳐라.

- 어서 오십시오

- 잠깐 기다려 주십시오

- 오랫동안 기다리셨습니다.

- 죄송합니다.

- 송구스럽습니다.

- 감사합니다. 또 찾아 주시기 바랍니다.

한편 한 백화점에서는 다음과 같은 조사를 한 적이 있다.

백화점 점원들은 고객의 마음을 10초 안에 사로잡아야 한다는 연구 결과가 나왔다. 현대백화점 인재개발원 김경호 부장, 김정연 과장은 '고객 만족도 향상을 위한 네트워크 서비스 성공요소 연구' 논문에서 고객의 65.9%가 첫 매장 방문 시 10초 이내에 판매사원에 대한 인상을 결정하는 것으로 나타났다고 4일 밝혔다.

고객들은 판매사원의 자세와 태도(62.1%)에 가장 호감을 느끼는 반면 상품지식(5.2%), 화술(4.7%)에는 크게 영향을 받지 않는 것으로 조사됐다. 고객들은 매장을 다시 찾았을 때 자신을 바로 알아보는 행동(43.6%)을 가장 좋아했고 마음에 드는 패션 조언(37.9%), 재방문에 대한 감사(14.2%) 등이 뒤를 이었다. 특정 판매사원의 고정 고객이 된 경우는 편안하고 정감 있는 응대라는 응답이 76.3%로 가장 많았고 고객이 가장 선호하는 호칭은 '고객님'(68.2%)인 것으로 나타났다. 고객의 95.3%는 호감이 가는 판매사원을 다른 사람에게 소개할 의향이 있다고 답했고 몇 명에게 소개

할지에 대해서는 3~5명이 55%로 가장 높았다.

 당신의 고객은 다음과 같다. 회사가 벌어들인 돈의 100%는 고객의 호주머니에서 나온다. 상품의 선택 권한은 고객이 쥐고 있고, 고객의 불만은 사소하다. 고객은 99%의 합격품이 아니라 1%의 불량품에 불만을 갖는다. 고객의 불만은 오래간다. 고객의 불만은 철저하다. 27명의 불만자 중 26명은 다시는 안 산다. 이건 저가상품이나 고가상품이나 매한가지다. 매장이 살아 있는 이유는 고객 때문이다.
 실종된 고객 마인드를 복구해야 한다. 설사 고객이 불평을 하고 힘들게 하더라도 다음의 '고객 감격 액션 10'을 마음속 깊이 새기며 실천해 가라.

- 고객의 말을 가능한 모두 들어라.
- 고객의 감정과 기분에 긍정적으로 반응하라.
- 변명은 하지 마라.
- 고객의 입장에서 성의 있는 태도를 보여라.
- 가능한 감정이 섞인 표현은 피하라.
- 솔직하게 사과하라.
- 사실을 중심으로 명확하게 설명하라.
- 덮어놓고 반격하지 마라.
- 고객의 불만이 해소됐는가를 다시 확인하라.

• 다시 한번 감사하라.

제품을 팔았다고 모든 게 끝난 건 아니다. 남과 다른 뭔가를 심어주어야 한다. 그러기 위해선 당신이 알고 있는 기술을 고객에게 공짜로 제공하라. 아깝다는 생각이 들지도 모르지만 이런 속담이 있다. "보리 밥풀 하나로 잉어를 낚을 수 있다." 고객에게 전문 서비스를 제공하라. 제품을 파는 게 아니라 감격을 파는 것이다.

'1·29·300'이라는 '하인리히 법칙'이 있다. 이는, 하나의 큰 재해 속에는 경미한 정도의 가벼운 재해나 재해의 기미, 즉 '주요 요인' 29건이 있으며, 또 그 속에는 300건의 작은 실패나 '재해(잠재)요인'들이 존재한다는 것이다.

가령 기업이 만든 제품에 큰 하자가 있다면 그 이면에는 반드시 가벼운 클레임 정도의 실패가 29건 존재하고, 그 29건에는 작은 잠재적 실패요인이나 징후가 300건 정도 들어 있다는 것이다. 작은 실패나 징후를 방치하거나 숨기면 결국엔 더 큰 화를 자초한다는 이야기다.

출문여견대빈出門如見大賓이란 말이 있다. "밖을 나서는 순간 마주치는 모든 사람을 큰 손님을 섬기듯이 하라."는 말이다. 성공하는 사람은 똑같은 현상을 보더라도 남들과 달리 보고, 바꿔 보고, 생각을 고쳐서 본다.

이젠 고객을 단순히 물건을 사 주는 구매자로 볼 것이 아니라, '고객은 神이다'라고 생각해야 할 것이다. 당신은 진정 고객을 아는가? 진솔하게 자문해보아라. 당신이 성공하려면 고객의 마음을 읽어야 한다. 고객의 마음을 훔치려면 하루 세 번 이렇게 외쳐보아라! "What customers want?"

고객들의 마인드도 다양해지고 있다. 과거엔 만들기만 하면 팔리던 百人一色(백인일색) 마인드에서 一人百色(일인백색)으로 변해 변덕이 심한 고객의 마음을 사로잡기가 여간 어려운 게 아니다. 그래서 전문가들은 이제 고객 존중, 고객 만족, 고객 감동 차원을 넘어 고객에게 감격을 선사하는 고객 감격 시대가 도래하였으며 우리에게 있어 고객은 왕이 아니라 신이나 다름없는 절대적인 존재가 되었다고 말한다. 다음은 강신장 모네상스 대표의 글이다.

특정한 냄새나 맛, 소리로 인해 무의식적으로 기억이 되살아나는 현상을 '프루스트 현상'이라고 부른다. 프랑스 작가 마르셀 프루스트의 대하소설 『잃어버린 시간을 찾아서』에서 유래한 이 용어는 냄새 같은 감각적 경험이 인간의 기억에 미치는 영향력이 크다는 점을 강조한다. 소설의 주인공 마르셀은 홍차에 적신 마들렌의 냄새와 맛을 통해 어린 시절을 떠올린다. 마르셀로 하여금 그동안 잊고 있었던 자기 자신을 찾게 만든 것은 다름 아닌 '감각적 경험'이었다.

고객의 마음을 사로잡아야 하는 기업도 프루스트 현상을 일으키는 감각적 경험에 주목할 필요가 있다. 최근 일본에서 화제가 되고 있는 쌀 판매점 '아코메야'는 고객의 감각적 경험을 마케팅에 적극적으로 활용한 대표적인 사례다. 아코메야는 쌀 판매 전문점이지만 단순히 쌀만 팔지 않는다. 매장에서 20여 종의 쌀을 적절히 도정해 지은 밥을 고객들에게 맛보게 한다. 고객이 갓 지은 쌀밥이 주는 행복을 느낄 수 있도록 밥과 관련된 감각적 경험들을 매장에 구현한 것이다. 그러면서 갓 지은 밥에 어울리는 반찬과 프리미엄 사케는 물론 조리기구와 주방용품까지 판매하고 있다.

아코메야의 사례는 기업이 고객에게 감각적 경험을 제공함으로써 새로운 시장을 창출할 수 있음을 보여준다. 아코메야는 매장에서 쌀뿐 아니라 쌀을 테마로 하는 감각적인 경험을 함께 판매한다. 즉, 매장에서 고객이 직접 선택한 쌀로 지은 밥과 그에 어울리는 반찬에 사케까지 곁들여 식사 한 끼를 제공함으로써 자연스레 관련 상품 구매를 유도한다. 아코메야는 쌀집의 개념을 단순히 쌀만 파는 곳이 아닌 새로운 생활양식을 제공하는 매장으로 바꿔 놓으면서 시장을 확대했다.

많은 기업이 고객에게 제품과 브랜드에 대한 기억을 오래 남기기 위해 다른 기업과 치열하게 싸운다. 프루스트 현상은 제품 자체보다는 제품에 담긴 문화, 즉 감각적 경험이 고객의 기억에 오래 각인될 수 있다는 통찰을 준다. 아코메야의 사례처럼 고객의 머릿속에 오래 남으려면 제

품과 더불어 고객에게 행복한 기억을 일깨워주는 감각적 경험을 함께 제공할 필요가 있다.(동아일보 발췌)

고객이 없는 기업은 생각할 수 없다. 이젠 세일즈 전선에서 고객을 단순히 물건을 사 주는 구매자로 볼 것이 아니라, '고객은 神이다'라고 생각하는 발상의 전환이 필요할 때다. "당신은 진정 고객을 아는가?" 진솔하게 자문해볼 일이다. 진정한 세일즈맨은 '빗'이란 글자에서도 점 하나를 더해 고객에게 '빛'을 만들어 주는 이들이다.

둘. Winner never quits - 도전적 실행

Quitter never wins, Winner never quits.
중단하는 자는 결코 성공할 수 없고, 성공하는 자는 결코 중단하지 않는다.

1991년 플로리다 주 데이토나 경주장에서는 미국에서 가장 큰 바이크 경주가 열리고 있었습니다. 이 대회에 참석한 사람 중에 존 브리튼John Britten이라는 뉴질랜드인이 있었습니다. 그는 자신이 직접 설계한 바이크에 두카티Ducati 엔진을 달고 2위를 차지해 세상을 놀라게 했습니다. 존이 만든 바이크보다 빠른 것은 당시 최고의 메이커였던 두카티밖에 없었습니다.

그는 여기에 만족하지 않았습니다. 1년 후에 자신이 직접 만든 엔진을 달고 다시 오겠다고 약속했죠. 뉴질랜드로 돌아온 그는 세상에서 가장 빠른 바이크를 만들고 싶었습니다. 그래서 기존의 방식을 전부 잊고 처음부터 다시 시작했죠. 놀랍게도 그는 설계부터 부품과 엔진 제작, 디자인에 이르기까지 레이싱 바이크를 만드는 전 과정을 혼자 해냈습니다. 집에 조그만 가마를 만들고 엔진을 비롯한 모든 부품을 주물로 떠서 직접 녹여 만들었죠. 이런 방식으로 바이크 한 대에 들어가는 6천여 개의 부품을 전부 직접 만들었습니다. 사실 그에게는 그런 식으로 작업하는 게 어려운 일은 아니었습니다. 가까운 정비소에 가려면 수천 마일을 가야 했기 때문에 어렸을 때부터 바이크를 직접 조립하는 게 습관이었죠. 그는 어디서나 구할 수 있는 평범한 재료로 부품을 만들었습니다.

하지만 그가 만든 바이크는 상식을 뛰어넘었습니다. 경주용 차에서 영감을 받아 공기역학을 이용할 수 있도록 디자인되었고, 직접 녹여서 만든 엔진은 강력한 파워를 가지고 있었죠. 무엇보다 그의 바이크는 뛰어난 스펙을 가지고도 무게가 138Kg밖에 나가지 않았습니다. 초경량 소재인 탄소섬유로 직접 만들었기 때문이죠. 그가 처음 시도한 이 아이디어는 오늘날까지 이어져오고 있습니다.

1년 후, 그는 약속을 지켰습니다. 직접 만든 브리튼 V1000을 가지고 대회에 참가했을 때, 존의 바이크는 시작 전부터 참가자들의 화제가 되었죠. 그의 바이크는 성능으로 보나 외양으로 보나 두카티와 혼다, 야마하 같은 대기업의 바이크에 전혀 뒤지지 않았습니다. 가볍고 견고하고 몸체가 유선형인 브리튼 V1000은 바람을 가르면서 시원하게 질주했죠. 물론 1992년 대회에서 존은 1등을 하지는 못했습니다. 철물점에서 산 5달러짜리 배터리 전선이 문제를 일으켜 엔진이 멈춰버렸거든요. 하지만 이듬해에는 그토록 염원하던 첫 우승을 일궈냈습니다. 그것도 구간 최고 시속 신기록을 내면서 말이죠. 그 후에도 그는 월드챔피언십에서 종합우승을 하는 등 각종 대회에서 우승을 휩쓸었습니다.

아쉽게도 존 브리튼은 1995년 피부암으로 짧은 생을 마감했습니다. 하지만 그가 남긴 바이크는 여전히 혁신적인 모델로 남아 있죠. 그가 시도하기 전에는 누구도 혼자 힘으로 그렇게 성능 좋은 바이크를 만들 수 있을 거라고 예상하지는 못했습니다. 자본이 풍부한 대기업만이 제대로 된 바이크를 만들 수 있다고 생각했죠. 그런 고정관념을 버리고, 실패에 대한 두려움조차 넘어섰기에 그가 혁신적인 도전을 할 수 있었던 것 아닐까요?(현대그룹 핵심가치 자료 발췌)

몇 년 전 온 나라가 오디션 열풍인 적이 있었다. '슈퍼스타 K'로 시작된 오디션 신드롬은 우리 국민들에게 실력만 있으면 누구나 스타로 거듭날 수 있다는 자신감을 심어주었다. 신체적인 여건이나 환경이 좋지 않아 인정을 받지 못했지만 이젠 실력만 있으면 누구나 정상에 오를 수 있다는 성공담이 대리 만족을 맛보게 해주고 있다. 특히 직장인들에게는 이들의 신화창조가 희망과 용기를 주기도 하지만, 이들을 통해서 일종의 카타르시스 같은 것을 느끼는 터라 더욱 더 빠져드는 모양이다.

오디션을 한마디로 말하자면 '도전의 場'이다. 그런데 도전challenge
의 어원은 뜻밖에도 '부당하게 비난하다'이다. 이 뜻을 곱씹어보면,
도전이란 있는 그대로의 진실이 아닌 인위적으로 만들어낸 것임을
알 수 있다. 즉, 사람들이 욕구 충족이나 목적 달성을 위해 인위적
으로 도전을 만들어낸다는 것이다. 누군가는 도전을 성공이라는 몸
을 단련하는 운동기구라고 표현한 적이 있다. 물고기가 물을 떠나
서 살 수 없듯이 성공 또한 도전 없이는 불가능하다.

성공하는 이들의 삶은 도전과 응전의 연쇄 동작이 아닐까 한다.
당신이 비즈니스맨으로서 삶에 '성공하겠다는 도전장'을 던졌다면
일단 실패하는 연습도 필요하다. 한 번 실패는 병가지상사兵家之常
事라고 했다. 직장생활을 하면서 실수 하나하나에 솥뚜껑 보고 놀
라듯 놀라기 시작하면 이미 성공하고는 담을 쌓은 셈이다. 열정적
인 삶에는 항상 도전이 함께한다. 열정적인 삶에 즐거움과 성취
감이 있는 것 역시 도전이 함께하기 때문이다. 자신이 선택한 일
에는 항상 도전을 데리고 가야 한다. 그래야만 목적달성을 하려는
자신의 욕망이 가동성을 발휘할 수 있다.

직장인들 중에서 자신이 하는 일을 바탕으로 슈퍼스타에 도전
하는 이들이 많다. 그중 눈에 띄는 이들이 있는데 바로 금오공대
에서 명예 박사학위를 받은 코오롱 인더스트리의 '이동형 반장'과

삼성전자 '김하수 전무'가 그 주인공이다. 이들에겐 한 가지 공통점이 더 있다. 바닥에서 직장 생활을 시작했지만 뼈를 깎는 도전정신으로 인생의 오디션에서 슈퍼스타의 자리를 차지했다는 점이다.

이들의 성공담을 다 언급할 필요는 없지만 이동형 반장은 야근이 없는 날과 휴일엔 인근 도서관에 '슈퍼 인생 베이스캠프'를 치고 10개의 자격증을 따냈다고 한다. 불도저라는 닉네임을 가진 김하수 전무는 그 누구도 생각지 못한 금형기술을 자동화 시킨 주역이다. 그는 '내 일에서 최고가 되기 위해 노력하다 보면 주변에서 대우 받는다.'는 신조로 불철주야 일을 했다고 한다.

우리 주변엔 이들처럼 인생이란 무대에서 '學歷'을 넘어 '學力'으로 슈퍼스타가 된 이들이 많다. 이마트의 최병렬 사장, 목포신항만운영의 정흥만 부사장, 오비의 장인수 부사장, 고졸 9급 공무원으로 시작 35년 만에 중앙부처 국장이 된 설정곤 복지부 사업단장, 다 소개를 하자면 지면이 부족할 지경이다.

도전은 꼭 일터에서만 일어나는 게 아니다. 도전의 무대는 영역이 따로 정해져 있지 않기 때문이다. LG 유플러스의 공호성 차장은 사하라 사막과 고비 사막을 4년 연속 완주한 직장인이다. 그가 사막 마라톤을 하겠다고 맘먹은 이유는 보통 직장인들의 고민인 반복되는 일상에 정신적으로나 육체적으로 지쳐있는 자신을 바꾸기 위해서였다고 한다. 그는 이제 4대 사막마라톤을 완주

하는 사막 마라톤 그랜드슬램에 도전장을 내놓고 있다고 한다.

"불혹不惑(40세)을 넘으면 많은 사람이 도전을 포기합니다. 30-40대 직장인들에게 60세를 넘어도 공부하고 성취할 수 있다는 것을 보여주기 위해 시험에 응시했습니다." 미국 워싱턴 변호사 시험에 응시해 최근 합격 통지를 받은 주광일 전 서울고등검사장의 말이다. 그는 이번 시험 합격자 가운데 최고령이다.

2011 세계육상선수권대회에 출전한 의족 스프린터 오스카 피스토리우스Oscar Pistorius 선수는 종아리뼈가 없어 생후 11개월 때 무릎 아랫부분을 절단한 데다 6살 때 부모가 이혼하는 탓에 홀어머니 아래서 자랐다. 그는 자아를 실현하기 위해 의족을 단 채로 트랙을 달린다. 그의 이번 출전은 우여곡절 끝에 이뤄졌다. 2006·2007년 100·200·400m에서 장애인 세계신기록을 세운 뒤 2008년 베이징올림픽에 참가하려 했으나 국제육상경기연맹 IAAF에서 '플렉스 풋'이란 탄소 소재 의족이 기술 장비에 해당된다며 출전을 금지하는 바람에 스포츠중재재판소CAS의 판정을 기다려야 했다. 비록 대회에서 우승은 못 했지만 그의 도전 정신은 스포츠계에 길이 남을 일이다.

양팔이 없어도 벌써 수십 회에 걸쳐 개인전을 여는 화가가 있다. 바로 의수 화가로 잘 알려진 석창우 씨다. 그는 한 신문사와의 인터뷰에서 "양팔이 없어서 아무 것도 못 하는 아빠보다 양팔이 없어도 뭔가 할 수 있는 아빠가" 되고 싶어서 그림을 시작했다고 밝혔다. 그래서 팔이 있었던 지난 30년보다 행복하다고 말한다.

치매 걸린 농구 감독도 있다. 미국 테네시대학교 여자 농구팀을 이끌었으며 1,078 경기 승리라는 전대미문의 기록을 낸 美 대학농구계 최고 감독인 팻 서미트Pat Summitt 씨다. 그녀는 지난 2016년 세상을 떠나기 전까지 투병 중임에도 큰 소리로 신문을 읽고 수학 문제도 풀면서 인지 기능을 높이고 열정을 불살랐다.

인생에서 가장 중요한 것은 성공보다 도전하는 자세다. 도전 없이 이루어지는 것은 아무것도 없다. 달인 개그맨으로 유명한 김병만 이야기다. 그는 무지막지한 연습량으로 유명하다. 이런 탓에 그의 몸 곳곳에 다양한 상처가 있다. 양 발목의 복사뼈 아래 물렁뼈가 모두 부러져 뼈가 조각난 채로 다닌다. 일상생활에 지장은 없지만 무리하면 걷기 힘들 정도로 통증을 느낀다고 한다. 오른쪽 셋째 손가락은 약간 휘었고, 정강이에는 스케이트 날에 베인 상처가 여럿이다. 피겨 공연을 하다 다친 오른팔은 멍투성이다. 하지만 무대에선 아픈 내색을 하지 않는다고 한다.

이렇게 성공한 사람들에겐 공통점이 있다. 성공한 사람들은 대개 결점이나 콤플렉스를 많이 갖고 있는데 이들은 이 결점에 굴복하지 않고 이겨내는 과정을 통해 또 다른 자신을 만들어 새롭게 다시 태어난 사람들이다. 도전은 무쇠를 강철로 단련하는 불꽃인 셈이다. 간혹 도전을 귀찮은 것, 평화를 깰 수 있는 것, 도박하는 것으로 생각하고 피하는 사람이 있다. 그렇게 생각하는 건 도전의 내용이 없어서다. 마구잡이로 덤비는 건 '도박'이다. 하지만 인생 계획안에 따라 덤비는 건 '도전'이다.

도전을 좀 더 살펴보자. 도전은 창조정신과 감정적 근육을 단련시켜 당신을 강한 인간으로 만들어준다. 긍정에의 믿음을 한 겹 강하게 하기도 하고, 직관과 상상력을 높여주는 열망의 상징이기도 하다. 또한 도전은 필요 없는 공포는 몰아내고 자신의 태도를 분명하게 정리해준다. 이는 당신의 삶에 '도전'을 초대해야 하는 이유의 또 다른 대변이기도 하다.

"현재 자신의 처지에 불만을 가지고 있는가?", "열심히 했는데도 결과가 좋지 않아 실망한 적은 없는가?", "지금보다 조금만 더 노력하면 성공할 수 있다고 믿는가?" 물론 가능하다. 누구든 일에 있어 조금씩 조금씩 질적인 발전은 가능하다. 여기에 한 차원 높은 질문을 해 보자. "지금의 순간을 뛰어넘을 수 있는 도약적인 방법이 있다고 생각하는가?" 비약적인 능력을 발휘하는 일. 자신의 한계를 뛰어넘는 일은 열정적인 삶에 있어서만 가능하다. 이는 도전을 품고 있는 삶의 가능성이다.

'열 손가락 없는 불굴의 산악인' 김홍빈(54) 대장이 13일 히말라야 안나푸르나(8,091m) 등정에 성공했다. 지난 2009년 실패에 이어 두 번째 도전만에 성공한 것으로, 장애인 최초로 8,000m급 12좌에 올랐다. 14좌 완등까지는 이제 브로드피크 등 2개봉만 남았다.

'희망나눔 2018 김홍빈 안나푸르나 시민원정대(단장 정원주)'에 따르면 김 대장은 이날 오전 11시 30분(한국시간 오후 2시 45분), 셰르파 4명과 함께 세계 10위 고봉인 안나푸르나 등정에 성공했다. 전날 오후 9시께 안나푸르나 북벽 제4캠프(7,050m)를 출발해 눈보라와 강풍 등 악천후를 뚫고 14시간 만에 정상을 밟았다는 소식이다.

김 대장은 이날 제3캠프(6,500m)까지 하산해 1박한 뒤 14일 베이스캠프로 복귀할 예정이다. 김 대장은 지난달 14일 베이스캠프에 도착해 1~4 캠프를 오르내리며 정상 등정을 준비해왔다. 이 과정에서 제2캠프에 가져다 놓은 장비 일부가 눈사태로 유실돼 다시 네팔 수도 카트만두에서 공수하는 어려움을 겪기도 했다. 지난 2일에는 김 대장 일행이 제4캠프(해발 7,050m) 근처까지 접근했으나 현지의 변화무쌍한 날씨와 예기치 못한 눈사태 위험으로 하산했었다. 이후 지난 8일 다시 2차 도전을 재개해 이날 정상 등정에 성공하는 쾌거를 이뤘다.

산스크리트어로 '수확의 여신'이라는 뜻의 안나푸르나는 히말라야 8,000m급 고봉 중 10번째로 높다. 김 대장은 지난 1991년 북미 매킨리(6,194m) 단독 등반 도중 사고로 열 손가락을 모두 잃었다. 하지만 인간 한계의 도전을 멈추지 않는 김 대장은 이번 안나푸르나 등정 성공으로 장애인 최초 8,000m급 12좌에 올랐다. 히말라야 8,000m급 14좌 중 이제 남은 것은 가셔브룸 I (8,068m)과 브로드피크(8,047m) 등 2곳이다. 그의

도전은 이제 또다시 시작될 것이다. (동아일보 발췌)

이젠 스스로 도전을 만들어 즐겨보는 도전광挑戰狂이 되어야 한다. 만약 당신이 '그 밥에 그 반찬'으로 하루하루를 살았다면 이제는 메뉴를 다양하게 바꾸라는 얘기다. 거기에 당신 안에 있는 도전이라는 '무공해 조미료'를 가미해서 말이다.

한국보건사회연구원이 전국 30~60세 남녀 1,000명을 대상으로 '인생 100세 시대 대응 국민 의식 조사 결과'에 따르면 국민 43%가 100세를 사는 게 축복이 아니라고 답을 했다. 왜 그럴까? 인생에 있어 도전 정신이 없기 때문이라고 생각된다. 이런 이야기가 있다. "제일 훌륭한 사람은 새로운 것을 해서 성공한 사람이고, 두 번째로 성공한 사람은 무엇인가 하다 실패한 사람이다. 그리고 세 번째로 성공한 사람은 아무것도 안 하고 성공한 사람이고, 네 번째는 아무것도 안 하고 실패한 사람이다."

100세 시대! 100년 인생은 길고 할 일은 많다. 인생의 도전은 당신만의 스토리 즉 'Youstory'를 만들어가는 일이다. 당신만의 스토리로 세상을 열광의 도가니로 몰아가라! 당신의 인생무대를 흥분케 해 가라. "문은 스승이 열어주지만, 그곳으로 들어가는 것은 당신 자신이다." 이제 생각을 그만 멈추고 행동을 할 때다. 말로 밥을 지을 수 없기 때문이다.

서양 속담에 이런 명언이 있다. "Quitter never Wins, Winner never quits." 중단하는 자는 결코 성공할 수 없고, 성공하는 자

는 결코 중단하지 않는다는 말이다. 성공하는 사람은 '성공 비아
그라'인 '도전'을 먹고산다. 무엇인가 새로운 길을 가는 이들은 '차
차차', 'Change & Challenge & Chance' 3박자를 밟는다. 즉 변
화가 오면 도전해서 기회를 찾아낸다. 바로 도전적 실행이다.

셋. 팀보다 강한 개인은 없다!
– 소통과 협력(Collaboration)

2017년 프로야구 한국시리즈에서 기아 타이거즈가 여러 번의
'각본 없는 드라마'를 만들어내며 우승컵을 거머쥐었다. 지난 우
승 이후 8년 동안 기나긴 인고의 세월을 거쳐 온 기아 타이거즈
에게 이번 우승은 그 어느 때보다도 각별하면서 동시에 많은 감
정을 느끼게 하는 순간이라고 해도 무방했을 것이다. 기아 타이
거즈의 김기태 감독과 선수들은 물론 연고지인 광주광역시의 시
민들 역시 8년 만의 벅찬 기쁨을 공유하며 나눴다. 한편으로는
기아 타이거즈 김기태 감독의 '형님 리더십', '동행 야구'가 화제로
떠오르며 많은 사람들의 주목을 받았다.

김기태 감독의 '형님 리더십', '동행 야구'의 핵심은 선수들과의
교감과 소통으로 요약된다. 두산과의 한국시리즈 5차전을 승리로
이끌며 기아의 우승이 확정되었을 때 스포츠 기자와 김기태 감독
과의 문답이 이러한 그의 가치관을 한마디로 말해준다. 이제까지
의 경기 중 '아찔했던 순간'에 대해서 질문을 하자 김기태 감독은

'좋은 날에 선수들의 안 좋은 기억을 끌어내 이야기하고 싶지는 않다.'라고 대답했다. 자신이 던지고 치고받은 공 하나하나에 일 희일비할 수밖에 없는 선수들의 마음을 배려한 셈이다. 또한 직접 나서서 선수들의 이야기를 들어주고 선수들의 단점보다는 장점을 이야기하며 선수의 실책에도 질타보다는 칭찬을 먼저 하는 감독으로 잘 알려져 있다.

럭비에서 강조하는 정신인 "All For One, One For All" 역시 MK가 항상 강조하는 핵심가치이자 우리 개개인의 성장에도 중요한 이정표를 제시해 줄 수 있는 말이라고 할 수 있다. 한 사람의 성장을 위해 조직 모두가 협조하고 도움을 아끼지 않는 부분은 "All For One"에 비유할 수 있다. 그는 이 핵심가치를 실천하기 위해 신입사원 교육에 직접 참여하고 생산직 사원, 낮은 직급의 사원일지라도 두각을 드러낼 경우 지원을 아끼지 않는다.

얼마 전 트럼프 대통령이 방한을 했다. 아마 많은 국민들이 트럼프 대통령에 대한 우려도 하였거니와 한편으로 기대도 했을 것이다. 그 우려 중에는 '코리아 패싱'이란 것이 있었다. '한국을 빼고 한국 안보 이야기를 하겠다.'는 이야기다. 트럼프 대통령은 'There will be no skipping.'이라는 용어로 '코리아 패싱'이란 일은 없을 것이라 강조했다.

필자가 왜 이런 화두를 꺼낼까? 필자가 직장생활을 할 때 한 선배가 귀띔해준 게 있다. "조직 생활에서 가장 중요한 것은 'No

Skip'이다. 이것을 절대 하지 마라!" 이 이야기는 무슨 의미일까? 가령 당신 직급이 대리라고 치자. 자신의 상사(과장)의 상사(부장)가 자신의 상사를 제치고 자신에게 오더나 무엇인가 이야기를 했다고 치자. 대개 사람들은 우쭐해하면서 자신의 상사(과장)를 스킵하고 상사의 상사(부장)와 소통하고 보고를 한다. 그런데 자신의 상사(과장)가 이 사실을 알게 된다면 무슨 일이 벌어질까? 상상에 맡기겠다.

여기서 당신과 함께 간단한 게임을 해보겠다. 우선 파트너를 구해야 한다. 동료를 한 사람 골라 파트너로 정하라. 다음엔 게임을 할 수 있는 작은 공간을 찾아라. 그 공간을 찾았으면 자리에 앉아라. 마주 보고 앉으면 안 되고, 등을 대서도 안 된다. 당신과 파트너의 자세를 이렇게 하라. 다리를 오므린(다리 모양이 90도가 되도록) 다음 무릎 위에 두 손을 깍지를 낀 채로 올려놓는다. 이렇게 해서 게임을 위한 준비를 마쳤다. 지금부터 게임에 들어간다. 그런 상태에서 한번 일어나 보아라. 물론 바닥을 짚거나 해서는 안 된다. 누구나 일어날 수 없다.

그렇다면 일어날 수 있는 방법은 없을까? 그 방법이란 간단하다. 상대 즉 당신의 파트너를 이용하는 것이다. 상대의 등에 당신의 등을 대고 등을 서로 힘차게 밀면서 일어나 보아라. 아주 쉽게 일어날 수 있다. 바로 파트너십Partnership의 본보기다.

다음은 NBA의 전설이 된 콤비 이야기다.

한 명은 백인이고. 한 명은 흑인입니다. 한 명은 농구선수치고는 작은 키에 마른 몸매의 소유자, 한 명은 거대한 몸집을 자랑하는 선수죠. 한 명은 골프를 즐기고, 다른 한 명은 곰 사냥을 즐겼습니다. 한 명은 캔버스 단화를 즐겨 신고 세단을 운전했지만, 다른 한 명은 악어가죽 부츠를 신고 핸들이 높이 달린 할리데이비슨을 몰았죠. 하나부터 열까지 이렇게 달랐지만, 코트 안에서는 언제나 한 몸이었던 그들, 18년간 유타 재즈에 몸담으면서 살아있는 전설로 남은 두 사람, 바로 존 스탁턴John Stockton과 칼 말론Karl Malone입니다.

존 스탁턴과 칼 말론의 콤비 플레이는 지금도 올드팬들에게 종종 회자되곤 합니다. 경기장 안에서 두 사람은 늘 시너지를 일으켰죠. 경기운영 능력과 패스능력이 뛰어난 존 스탁턴이 인바운드로 패스를 넣어주면 말론은 인사이드에서 유유히 득점을 올리고 바로 수비로 전환했습니다. 팬들은 스탁턴이 패스해준 골을 깔끔하게 득점으로 연결시키는 말론을 '우편배달부'라고 불렀죠. 픽앤롤은 농구에서 아주 기본적인 전술일 뿐이지만 두 사람이 콤비플레이를 펼치면 상대편은 알고도 막을 수가 없을 정도였습니다. NBA 역사상 이렇게 오랫동안 한 팀에서 호흡을 맞춘 콤비는 일찍이 없었죠.

그들의 콤비 플레이가 빛났던 건 두 사람 다 자기 역할이 무엇인지 분명히 알고 있었고, 끊임없이 호흡을 맞췄기 때문입니다. 한 사람은 어시스트 천재였고, 한 사람은 득점 능력과 리바운드 능력에서 최고였죠. 두 사람은 서로에게 필요한 존재였고, 팀의 승리를 위해 자기를 내려놓을 줄 알았습니다.

특히 스탁턴은 작은 체구에 평범한 운동신경을 가진 백인 선수였지만 기본기와 꾸준함, 변하지 않는 열정으로 코트를 누볐습니다. 그는 단 한 번도 리그 MVP와 리그 챔피언에 오르지 못했지만 개인적 성적에 욕심을 내지 않았죠. 그런 꾸준함과 성실함이 있었기에 NBA 역대 어시스트 1위에 오를 수 있었지요. 존 스탁턴이 은퇴할 때 칼 말론은 이렇게 말했습니다.

"그는 나에게 무척 중요한 사람입니다. 그는 매일같이 최선을 다해 뛰고, 원칙을 따르는 선수였죠. 동시에 팀 동료를 올스타로 만들어 줄 수 있는 선수였습니다. 그를 대신할 수 있는 선수는 없습니다."

말론 또한 스탁턴과 콤비를 이뤄 활약했고, NBA 통산 득점 역대 2위 선수로 기록될 수 있었습니다. 비록 마이클 조던이라는 높은 벽에 가로막혀 우승 반지를 껴보지는 못했지만, 두 사람은 최고의 포인트 가드와 최고의 파워포워드가 어떤 것인지를 온몸으로 보여주었죠. 따로 있을 때보다 함께 있을 때 더욱 빛났던 두 사람. 자신의 기록보다는 팀의 승리를 위해 기꺼이 소통하고 협력할 줄 알았기에 그들은 NBA의 전설적인 콤비로 기억되고 있습니다.(현대그룹 핵심가치 자료 발췌)

지금으로부터 80여 년 전 두 팀의 탐험대가 북극과 남극 탐험 길에 올랐다. 공교롭게도 두 팀 모두 갑자기 얼어버린 바다에서 배가 꼼짝도 못 하는 지경에 처하게 됐다. 사방이 얼음으로 뒤덮인 남극의 살인적인 추위, 식량과 연료는 떨어져가고 다른 곳의 어느 누구와도 교신이 불가능한 상황이었다. 그러나 두 탐험대의 운명은 달랐다.

1913년 8월 3일, 스테판슨Stefansson이 이끄는 캐나다 탐험대는 얼어붙은 북극 지역을 최초로 육로 횡단하겠다는 목표를 세우고 출발했다. 그러나 그들이 탄 탐험선 칼럭Karluk 호는 곧 단단한 빙벽에 부딪혀 부서지고, 오도 가도 못한 채 그 자리에 고립되고 말았다. 비극의 원인은 자기 자신들에게 있었다. 조난이 길어지자 선원들은 서로 식량과 연료를 놓고 싸우고 도둑질하는 일상을 되풀이하며 서로를 적으로 만들어갔다. 이와 같은 팀의 붕괴는 결국 비극적 결과를 초래했다. 11명 승무원들 모두 북극 얼음 황무지에서 전멸해 버렸다. 실패가 곧 죽음으로 이어진 것이다.

그러나 정확히 1년 뒤 이와 같은 상황이 지구 반대편에서 발생했는데, 결과는 전혀 다르게 나타났다. 1914년 12월 5일 어니스트 섀클턴 경Sir Ernest Shackleton이 이끄는 남극대륙 횡단 탐험대가 남빙양에 있는 사우스조지아 섬에서 돛을 올렸다. 탐험대의 목적은 최초로 남극대륙을 육로로 횡단하는 것이었다. 그러나 남극을 향하던 중 그들을 태웠던 탐험선 인듀어런스Endurance(인내) 호는 단단한 빙벽에 둘러싸이고 말았다. 대원들은 얼음에 둘러싸인 채 추위에 떨며 식량과 보급품 부족으로 고통을 겪어야 했다. 그러나 이 지옥과 같은 상황에서 대원들은 '팀워크', '희생정신' 그리고 '서로에 대한 격려'를 무기로 643일간 생존을 위한 사투를 벌인 끝에 28명 전원이 무사 귀환하는 전대미문의 역사적 기록을 세운다. 함께해서 이룬 큰 성과다.

다음은 뉴욕 시민들에게 큰 기쁨을 안겨 준 뉴욕 마라톤의 히로인 셜레인 플래너건Shalane Flanagan에 대한 이야기다.

그가 정상에 오르기까지 지나온 길은 결과보다 더 드라마틱하다. 2016년 2월 미국 캘리포니아주 로스앤젤레스에서 열린 리우 올림픽 마라톤 미국 대표 선발전. 플래너건은 골인 지점을 몇 마일 남기고 다리가 풀려버렸다. 기진맥진해 뒤처진 그에게 기적처럼 수호천사가 나타났다.
앞서 가던 에이미 크래그(33)가 속도를 늦추더니, 헐떡거리는 그의 곁에 붙어 물통까지 건네며 독려하기 시작했다. 밀어주고 끌어주며 몇 마일을 그렇게 따로 또 같이 달렸다. 크래그는 가장 먼저 결승선을 통과했고, 탈락 위기에 몰렸던 플래너건은 세 번째로 들어와 극적으로 생애 네 번째 국가대표로 뽑혔다. 결승선을 힘겹게 통과한 플래너건은 크래그의 목을 감은 채 품에 안겨 주저앉았다. 긴 승부를 끝낸 두 여성 마라토너의 뜨거운 포옹은 강렬한 사진으로 남았다.(동아일보 발췌)

필자가 영어 단어 중 'Love' 다음으로 좋아하는 단어는 'With', 즉 '함께'다. 무엇이든지 도모할 때는 다 함께 하면 다들 좋아한다. 그렇다면 어떻게 하면 함께할 수 있을까?

첫째, 동반자가 되라With.

영국의 한 신문사에서 '영국 끝에서 런던까지 가장 빨리 가는 법'이란 질문으로 현상 공모를 했다. 독자들로부터 비행기, 기차, 도보 등 여러 가지 수단과 방법들이 나왔다. 과연 1등으로 당선된 답은 무엇이었을까? 의외의 답이 1등으로 뽑혔다. 바로 '좋은 동반자와 함께 가는 것'이었다. 그러니까 뜻을 같이하는 사람과 가면 지루하지 않고 재미있어 빨리 갈 수 있다는 것이다. 동반자를 영어로 표현하면 'Companion'이다. 이 말은 빵(식사)을 같이 한다는 라틴어에서 유래했다고 한다. 영어사전을 들춰보면 '길동무', 또는 '말동무'라고 쓰여 있다.

둘째, 'I Love You'를 생활화하라!.

이런 이야기가 있다. "나는 접속한다. 고로 나는 존재한다." 디지털 시대를 살아가는 당신의 값어치는 바로 당신이 누구와 접속이 되었느냐, 즉 누구를 알고 있느냐에 달려 있다고 해도 과언이 아니다. 디지털 시대에 사람만큼 중요한 자산은 없다. 사람에 대한 투자에 인색해서는 안 된다. 그 투자의 기본은 바로 당신의 신뢰에 대한 생각에 달려있다. 상대에게 믿음의 마크가 되려면 'I

Love You'를 생활화해야 한다. 한 지인이 소개해 준 것인데 여기서 'I Love You'란 이렇다.

- Inspire warmth(따뜻함을 불어넣어 주고)
- Listen to each other(상대방의 말을 들어주고)
- Open your heart(당신의 마음을 열고)
- Value your opinion(당신의 의견을 가치 있게 평가하고)
- Express your trust(당신의 신뢰를 표현하고)
- Yield to good sense(좋은 말로 충고해주고)
- Overlook mistake(실수를 덮어주고)
- Understand difference(서로 다른 점을 이해해주는 것)

셋째, 꿀벌형 인간이 되라 Thank.

세상에는 세 종류의 사람이 있다고 한다. 첫째는 '거미형'이다. 거미는 곤충들이 잘 다니는 길목에 그물을 쳐놓고 벌레가 걸리면 재빨리 달려와서 잡아먹는다. 인간에게도 이 거미와 같이 남에게 해를 입히며 자기 욕심을 채우는 사람이 있다. 둘째는 '개미형'이다. 개미는 열심히 일을 하는 곤충이다. 근면하고 성실하기로 소문이 난 개미는 열심히 일을 해서 여름에 먹을 것을 많이 준비해 두지만 남을 도울 줄 모르고 나눠줄 줄을 모른다. 이처럼 사람들 중에도 내가 노력해서 번 것이니 내 돈 가지고 내가 잘 먹고 잘 사는데 무슨 상관이냐는 식으로 사는 사람들이 있다. 자기만 아

는 이기주의형 인간이다. 셋째, '꿀벌형'이다. 꿀벌은 열심히 일을
해서 온갖 꿀을 모아 온다. 꽃가루도 모아 오고 로열젤리도 생산
하여 사람들에게 큰 유익을 준다. 남을 위해서 모든 것을 주고 희
생하는 곤충이다. 사람들 중에도 이와 같이 남을 위하여 희생하
고 봉사하는 사람들이 있다.

넷째, **먼저 베풀어라Heart**.

미국 심리학회지는 남에게 베풀고 남을 돕는 사람이 그렇지 않
은 사람보다 두 곱이나 오래 산다는 추적조사를 소개한 바 있다.
장수 부부는 세 쌍 중에서 두 쌍 꼴로 선행을 일상처럼 했고, 남과
는 전혀 무관하게 산 사람은 일찍 죽을 확률이 두 배나 높다는 조
사도 있다. 미국의 한 대학에서 재미있는 실험을 해보았다. 소위
'보스턴 대학의 40년 연구'라는 것인데 이 대학의 헬즈만 교수가 7
세 어린이 450명을 선정, 40년이 지난 후 이들의 사회 경제적 지
위, 즉 출세 여부를 조사한 연구이다. 결과는 어떠했을까? 이들의
출세 성공을 가장 잘 설명해 준 요인은 '타인과 어울리는 능력', '좌
절을 극복하는 태도' 그리고 '감정 통제 능력'으로 나타났다.

어떻게 보면 성공은 선택 과정이다. 지금 당신은 매우 목이 마
르다. 당신 앞에 음료수 자판기가 있다고 치자. 가끔 자판기에 돈
을 넣었을 때 안 나오는 경우도 있다. 그런데 당신은 동전이 하나
밖에 없다. 이때 동전을 넣어야 할지, 말아야 할지는 당신에게 달

려 있다. 만약 당신이 자판기를 신뢰하면 넣을 것이고, 그렇지 않으면 넣지 않을 것이다. 성공도 매한가지다. 당신이 상대를 믿고 동전을 넣어야만 '신뢰'라는 음료수가 나오기 때문이다.

당신이 진정 성공을 원한다면 우선 나와 동료, 상사, 부하의 신뢰부터 챙겨라. 쉽게 말해 성공하려면 믿음의 마크가 되어야 한다. 이렇게 되면 당신은 동료, 상사, 부하가 모두가 승리하는 트리플 원Win-Win²을 창출할 것이다. 이렇게 무엇이든지 같이하면 가치를 창출한다.

넷. 企業 = (　)業 = (　)Up = (　)業! – 인재 존중

대기업 신임 팀장이 된 후배를 만나 점심을 한 적이 있었다. 그는 이런저런 이야기를 하면서 팀장으로서 애로사항을 털어놓았다. 애로사항이란 대충 이렇다. 조직 내 찰러리맨(Child와 Salaryman의 합성어로 철이 아직 덜 든 직장인을 말함)에 대한 고충이었다. 말하자면 '조직 내 천덕꾸러기', 바로 세상 물정을 모르는 이들이 시쳇말로 직장 내 물을 흐린다는 것이다.

기업에서 많은 리더들을 만나는데 위로 올라갈수록 힘이 드는 건 '일'이 아니라 '사람' 관리라고 한다. 필자는 그날 그 고충을 함께 해결하기 위한 방안으로 후배에게 다음과 같은 문제를 내 준 적이 있다.

- 기업방정식 문제: 다음 문제를 읽고 괄호 안에 단어 **하나**를 넣어 등식을 성립시키면 된다. '企業 = (   )業 = 氣(   ) = (   )業' 답은 이 글 중간에 소개하겠다.

마징가Z는 슈퍼로봇의 대명사라고 할 수 있는 애니메이션입니다. 이 애니메이션에 등장하는 헬 박사는 세계정복을 꿈꾸지만 번번이 마징가Z에 패해 뜻을 이루지 못하는 전형적인 악당이죠. 그의 부하로는 철가면 군단을 이끄는 아수라 남작과 철십자 군단을 이끄는 브로켄 백작이 있습니다. 비록 악역을 맡고 있지만, 알고 보면 헬 박사는 누구보다 적극적으로 인재존중의 가치를 실천한 리더였습니다.

헬 박사는 고대 미라에서 창조한 아수라 남작을 자신의 오른팔로 삼았습니다. 하지만 아수라 남작은 번번이 헬 박사의 기대를 저버리고 작전 수행에 실패하곤 했지요. 처음에는 헬 박사도 아수라 남작을 죽이려고 했지만, 열심히 싸운 부하를 내칠 수 없어 다시 기회를 줍니다.
하지만 아수라 남작은 이번에도 마징가Z를 쓰러뜨리는 데 실패하고 돌아옵니다. 아수라 남작은 임무를 수행하지 못했으니 스스로 목숨을 끊겠다고 하지요. 그 말을 들은 헬 박사는 아수라 남작을 질책하는 대신, 죽을 각오를 하고 다시 싸우라고 독려합니다. 하지만 아수라 남작은 이번에도 공격에 실패하고 부상을 입고 돌아옵니다. 그런 아수라에게 헬 박사는 그저 "무사해서 다행"이라 하지요. 작전 성공보다 부하의 안위를 먼저 걱정하는 것입니다. 하지만 아수라의 실패는 여기서 멈추지 않습니다. 계속되는 실패를 지켜보던 브로켄 백작이 실패에 대한 책임을 져야 하는 것 아니냐고 비아냥거리자 헬 박사는 아수라를 위로합니다.

"너는 비록 실패했지만, 그래도 도쿄에 타격을 입혔다."

결과보다는 노력한 과정을 짚어주면서 부하의 사기를 북돋아준 것이죠. 심지어 브로켄 백작이 없는 틈을 타서 더 강력한 무기를 만들어주겠다고 아수라를 격려합니다. 아수라는 이 말에 힘을 얻어 다시 마징가Z와 싸우러 나가지요.
하지만 헬 박사의 끊임없는 지원과 기대에도 불구하고, 아수라는 이번에도 목표를 달성하지 못했습니다. 그리고 기지로 돌아오지 않고 도망쳤지요. 브로켄 백작이 배신자를 처단해야 한다고 목소리를 높였지만 헬 박사는 일단 기다려보자고 만류합니다. 섣부른 판단으로 부하를 의심하기보다는 그의 결백을 믿고 기다려준 것이죠.

그러한 헬 박사의 믿음 덕분이었을까요? 아수라 남작은 결국 죽음을 각오하고 마징가Z의 공격을 견뎌냅니다. 이 사실을 알게 된 헬 박사는 아수라 남작의 행동에 감동을 받지요. 헬 박사의 전폭적인 신뢰와 지지를 받은 아수라 남작은 드디어 마징가Z 연구소를 파괴해 큰 피해를 입히게 됩니다. 하지만 기력이 다해 고르곤 대공의 품에서 숨을 거두고 말지요. 그토록 믿고 따르던 헬 박사의 칭찬 한마디 듣지 못한 채 말입니다. 아수라를 잃은 헬 박사는 반드시 원수를 갚겠다는 다짐을 하고. 아수라를 꼭 닮은 기계수를 만들어 복수를 시작하지요.

항상 마징가Z를 위기로 몰아가지만, 결국 당하기만 하는 아수라 남작, 그리고 그런 부하를 질책하기보다는 격려하고 다시 도전할 수 있도록 아낌없이 지원한 헬 박사. 비록 악역이기는 하지만 인재를 끝까지 믿고 매번 기회를 준 헬 박사야말로 인재존중의 귀재 아닐까요?(현대그룹 핵심가
치 자료 발췌)

그럼 도대체 리더란 무엇일까? 'Leader=?' 이 문제를 한번 곰 곰이 풀어보아라. 개인에 따라, 상황에 따라 답을 달리하겠지만 필자는 누가 뭐라 해도 리더는 창출자Leader = Performer라고 말하고 싶다. 리더의 가장 큰 소임은 구성원을 한곳에 응집시켜 조직을 위한 성과를 창출하는 일이라는 것이다. 성과를 내는 이들 중 아주 탁월한 사람을 스타 퍼포머Star Performer라 부른다.

김밥 체인을 운영하는 K社의 사장은 고질적인 문제를 안고 있었다. 종업원 아주머니들의 이직이 너무 심하다는 것이었다. 원인을 분석하니 직원들이 진정으로 원하는 건 돈이 아니라는 것을 알게 됐다. 사장은 고민 끝에 간단한 조치를 취했다. 1년을 근속하면 연말에 부부동반 만찬회를 열었고, 3년 이상 근속자에겐 부부동반 해외여행권을 선물했다. 소문을 듣고 입사대기자들이 줄을 섰고 이직하려던 사람들도 마음을 바꾸었다. K社는 연 100억

원 이상의 매출을 올리는 요식전문회사로 성장하게 되었다. 돈으로 살 수 없는 것이 사람의 마음이다.

　이쯤해서 서두에서 낸 문제의 답을 소개한다. 답은 이렇다. '기업(企業)＝(氣)業＝氣(Up)＝(起)業'이다. 이 문제를 풀어보면 이렇게 된다. "기업企業은 사람이 일하는 곳인데 기氣를 갖고 자신의 업業을 수행하면, 기氣가 Up되면서 그 회사의 업業이 기起한다. 즉 일어난다는 것이다." 말하자면 일터의 분위기가 한 회사의 운명을 좌지우지한다는 뜻이다. 그렇다면 당신이 '企業家(기업가)'가 아니라 '氣Up家'가 되려면 무엇을 해야 할까?

　무엇보다 문을 열어야 한다. 커뮤니케이션 주제로 강의를 할 때 가장 강조하는 문門이 하나 있다. 우선 그 문을 열어야 한다. 가령 '창문'을 열면 바람이 들어온다. 그리고 '커튼'을 열면 빛이 들어온다. 이렇듯이 당신이 열어야 할 문이 있다. 바로 '마음의 문'이다. 이 마음을 열면 무엇이 들어올까? 당신의 부하 즉 '사람'이 들어온다.

　리더는 싫든 좋은 부하를 안고 가야 한다. 맘에 들지 않는다고 내칠 수는 없는 노릇이다. 그냥 내치면 인사부서에서 충원을 안 해주기 때문이다. 탁구공이 당신에게 넘어온 셈이다. 당신이 안고 가려면 '찰러리맨'을 이해해야 한다. 이해라는 단어를 영어로 표기하면 'Understand'이다. 이것을 분해해보면 'Under' 그리고 'Stand'가 된다. 바로 상대 아래 서 있는 형상이다. 과연 그렇게까지 해야 하나 싶겠지만 조직의 외곽에서 서성대는 '찰러리맨'을 조직의 중심으로 몰고 오는 것도 능력이다.

때론 '눈치 큐'도 필요하다. 세상을 사는 데는 IQ가 좋으면 여러 모로 유리한 점이 많다. 그런데 요즘 같은 감성 시대엔 IQ 하나만으론 생존하기가 어렵다. 그래서 전문가들은 EQ 즉 감성지수가 높아야 한다고 한다. 그런데 아무리 IQ가 좋고 EQ가 높아도 조직생활 등 사회생활이 맘처럼 움직이는 건 아니다. 실전에는 다양한 변수들이 있기 때문이다. 이럴 땐 눈치코치 알아서 하는 '눈치 큐'를 키워야 한다. 찰러리맨들이 예상치 못하게 보여주는 엉뚱함을 눈치껏 챙겨야 한다. 그게 바로 진짜 리더다. 그러자면 매사에 진심을 담아야 한다.

'치어 리더Cheer Leader'가 되어야 한다. 경기장의 치어 리더를 한번 상상해보아라. 그들은 경기의 결과에 상관없이 선수들이 열심히 뛸 수 있도록 신명을 다해 응원한다. 우리 국민에게는 神氣(신기)가 있다고 한다. 바로 신바람이다. 필자가 기업에서 강의를 할 때 자주 인용하는 'Leader → Follower → Performance'라는 리더십 공식이 있다. 이것을 쉽게 풀이하면 리더는 팔로워 즉 부하를 통해 성과를 내는 사람이라는 것이다. 말하자면 리더의 성패는 부하가 내뿜은 신기神氣에 달려 있는 셈이다. 그런데 이 간단한 원리를 모르는 리더들이 많다는 게 문제다. 특히 신임 리더들은 더욱 더 그런 경향이 있다.

절대긍정 마인드가 필요하다. 조련사는 고래를 자신이 원하는 대로 움직이게 하기 위해 지속적인 훈련을 한다. 이들은 이를 위해 3단계 훈련 전략을 쓴다.

1. 신뢰 관계를 구축한다.
2. 긍정적인 데 초점을 맞춘다.
3. 잘못이 발생하면 처벌하는 것보다 목적한 방향으로 방향을 전환하는 데 초점을 맞춘다.

이처럼 인간관계의 Key-word는 바로 절대 긍정이다. 잘못된 것에 초점을 맞추고 질책하기보다는 좋은 방향으로 격려하고 칭찬하는 데 초점을 맞추는 것이다.

우연은 인연을 낳고 나아가 필연이 된다. 사람과 사람 사이에는 사소한 '오해'로 관계가 '와해'되는 경우가 종종 있다. 그런데 성공하는 리더들은 상대가 누구든지 '우연'을 '인연'으로 만들어 가고, 나아가 그 '인연'으로 인생의 '필연'을 만든다. 우연하게 조직에서 만난 당신의 찰러리맨을 필연으로 만들어 가라! 그렇게 해서 그를 골러리맨(Gold+Salaryman의 합성어로 인재를 말함)으로 육성해 가라. 그를 당신의 자산으로 만들어 가는 것도 능력이다.

당신이 먼저 주어라! 상사든 부하든 동료든 상대를 내 편으로 만드는 비방이 뭐냐고 물어본다면 이렇게 답한다.

법칙1: 먼저 주어라.

법칙2: 먼저 주어라.

법칙3: 먼저 주어라.

이젠 'Give & Take'가 아니라 'Give & Give'다. 사람을 움직이는 가장 큰 동력은 주기^{Give}다. 그것도 먼저 주어야 한다. 상대가 내 품에 들어올 때까지 주고 또 주어라!

전화기 줄이 꼬인 것을 풀어본 적이 있을 것이다. 풀어도 다시 휘리릭 하며 꼬여버리는 것을 많이 보았을 것이다. 이것을 풀어내려면 상당한 노력이 든다. 어떻게 하면 꼬이지 않을까? 꼬인 줄을 계속 손을 써서 푸는 방법과 아예 꼬이지 않게 하는 방법이 있을 것이다. 인간관계도 마찬가지다. 꼬이지 않는 것이 최선이지만 꼬인 것은 차근차근, 지속적으로 풀어나가는 지혜가 필요하다.

비즈니스를 한 마디로 요약하자면 물^{H_2O}라고 말하고 싶다. 즉 'Business=H_2O'가 된다, 이것을 풀어서 설명하면 Business =Human×Human×Organize, 즉 비즈니스는 사람과 사람을 엮어서 무엇을 해내는 것이라는 것이다. 여기서 사람은 당신에게 있어서 부하이다. 成功在人, 조직 내 당신의 성공지수는 바로 당신의 능력에 있지 않고 '사람'에 달려 있다.

일본에서 '경영의 신'으로 존경받는 故 마쓰시타 고노스케가 한 말이다. "한 번 넘어졌을 때 원인을 깨닫지 못하면 일곱 번 넘어져도 마찬가지다. 가능하면 한 번만으로 원인을 깨달을 수 있는 사람이 되어야 한다." 명심을 하라! 세상은 더불어 사는 것이다. 당신이 더불어 살면 무엇이든지 더 불어난다.

다섯. 게임 체인저(Game Changer)가 되라!
– 글로벌 지향

'피앤지'는 1988년 중국에 진출한 외국계 생활용품 전문기업입니다. 미용도구, 세제 등 생활용품 시장에서 높은 점유율을 기록하고 있는 선두 기업이죠. 이 회사 광고에 등장하는 '광저우 피앤지'라는 카피처럼 중국의 많은 소비자들이 피앤지를 중국 토종 브랜드로 알고 있습니다. 그만큼 현지화에 성공한 대표적인 글로벌 기업인 셈이죠.

피앤지가 중국 시장에 안정적으로 자리 잡은 것은 남다른 노력의 결과입니다. 피앤지는 중국에 진출하자마자 제일 먼저 저가격 정책을 썼습니다. 중국 토종 브랜드와 경쟁해서 살아남으려는 것이었죠. 주력 상품의 가격을 20~30%나 내리고, 세제 제품을 최저가로 판매하고, 9.9위안짜리 샴푸를 출시했습니다. 덕분에 중국 가정에서는 어디서나 피앤지 제품을 흔히 볼 수 있죠.
피앤지는 더 나아가 중국인들에게 친숙한 브랜드로 다가가기 위해 노력했습니다. 다른 글로벌 기업들이 영문 브랜드명을 그대로 고수할 때, 피앤지는 발 빠르게 중국 정서에 맞는 브랜드명으로 교체했습니다. 두 음절 이내의 짧은 브랜드를 선호하는 중국인들의 성향에 맞춘 것이죠. 제품명을 지을 때는 원래 명칭과 유사한 중국 발음을 쓰면서 제품의 기능과 효과를 잘 드러낼 수 있는 이름을 지으려고 고심했습니다.

광고도 중국식으로 바꿨습니다. 다른 기업들이 외국 모델을 써서 세계적인 기업이라는 이미지를 강조할 때, 피앤지는 우직하게 중국인 모델만 쓰면서 소비자들에게 친근하게 다가가려고 했지요. 특히 세제나 비누 등의 소모품을 살 때 소비자들은 유명 모델의 광고 이미지보다는 품질이나 가격을 보고 구매하는 경향이 있습니다. 피앤지는 이 점에 착안해 제품의 구체적인 효능을 강조하는 광고를 주로 내보냈지요. 비듬 제거에는 헤드앤숄더, 모발 보호에는 팬틴, 이런 식으로 연상 심리가 작용하도록 광고를 제작한 것입니다. 이처럼 브랜드명도 중국명으로 바꾸고, 친숙한 중국인 모델을 쓰다 보니 중국 소비자들은 당연히 피앤지가 중국 토종 브랜드라고 생각하게 된 것이죠.

피앤지는 세계적으로 유명한 생활용품 기업이면서도 자기 방식을 고집하지 않고, 철저히 현지 사정에 맞는 전략을 편 결과, 중국 시장에 성공적으로 안착했습니다. 실제로 중국은 피앤지가 진출한 나라 중에서 가장 매출 속도가 빠른 나라입니다. 중국 피앤지의 판매량은 전 세계 2위, 판매액은 4위이며, 대부분의 중국 가정에서는 피앤지의 샴푸와 치약, 칫솔, 세제를 쓰고 있죠.

중국 기업으로 오해 받을 만큼 철저하게 현지인들에게 파고들었던 피앤지의 노력이야말로, 세계시장에서 살아남을 수 있는 글로벌 기업의 경

쟁력 아닐까요?(현대그룹 핵심가치 자료 발췌)

간단한 난센스 퀴즈를 내보겠다. 압구정동 로데오 거리 한 골목에 점포 3개가 있다. 첫 번째 점포는 '왕창 세일'이란 간판이, 세 번째 점포는 '몽땅 세일'이란 간판이 붙어 있다. 그런데 손님들은 첫 번째, 세 번째 점포는 외면하고 두 번째 점포로만 들어가는 것이었다. 도대체 두 번째 점포 간판에는 무엇이라고 쓰여 있을까? 한번 생각해보기 바란다. 두 번째 점포에는 바로 '입구'라고 쓰여 있었다.

요즘 다들 경기가 어렵다고 입을 모은다. 이럴 때일수록 '허리띠'는 동여매는 대신에 당신이 풀어 놓을 것이 하나 있다. 바로 당신의 성공 자산이라고 할 수 있는 '머리띠'다. 즉 두뇌는 풀어야 한다는 이야기다. "머리가 나쁘면 육신이 피곤하다."란 말이 있다. 누구나 갖고 있는 두뇌를 풀어 머리를 최대한 사용해야 한다. 사실 짱구를 돌리는 일은 전혀 돈이 들지 않는다는 장점이 있고, 이것은 어느 누구도 돌릴 수 있다는 것이다. 머리를 쓰지 않으면 육신이 피곤하다는 말은 어려울수록 두뇌 가동률을 높여야 한다는 뜻이다. 머리를 쓰면 많은 것이 달라지기 때문이다.

얼마 전 한 중소기업을 경영하는 CEO를 만나 소주를 하면서 세상 돌아가는 이야기를 나눈 적이 있다. 이 CEO는 만남 내내 나에게 "내 힘들다!"면서 삶에 대한 푸념을 늘어놓았다. 물론 이

CEO만 어려운 게 아닐 것이다. 한때 잘나가던 기업인이라면 더더욱 이런 어려움에 처해있을 게다. 필자는 집으로 돌아오는 길 내내 "내 힘들다!" "내 힘들다!" "내 힘들다!"라는 그 CEO의 소리가 자꾸 머리에서 떠나질 않았다.

문득 이런 생각을 해보았다. "내 힘들다!"라는 소리를 재미삼아 거꾸로 읽어보았다. 그런데 "다들 힘내!"가 되는 것이었다. 전혀 다른 내용이 되는 것이었다. 참 묘한 일이 아닐 수 없었다. 필자는 이런 것을 'Turn & Widen'이라고 한다. 바로 사물을 보는 관점을 바꿔 생각을 확장하라는 뜻이다. 관점을 바꾸면 다른 게 보이기 때문이다.

중국에 진출한 일본 기업 이야기다. 상하이에서 신설한 내부순환도로에 안전 문제로 1t 이상 화물차가 못 다니게 됐다. 그 도로가 개통된 지 한 달 만에 일본 업체가 0.9t짜리 화물차를 내놓고 팔기 시작했다. 철저한 사전조사와 적시에 제품을 내놓는 기술력이 결합된 것이다.

어느 마을의 한 스승이 제자들을 불러 모아 놓고 한쪽 벽에 선을 긋고 나서 이야기를 했다. "이 선을 건드리지 말고 조금 더 짧게 만들어 보아라!" 스승의 말에 제자들은 벽에 그려진 선을 보면서 궁리를 했으나 어떻게 할 줄을 몰랐다. 그때 한 제자가 벌떡 일어나 벽에 그려진 선 밑에 또 다른 선 하나를 더 길게 그렸다.

뉴욕에서 도넛과 커피를 파는 사람이 있었다. 그는 손님이 한

꺼번에 몰리는 아침과 점심시간에 줄을 서서 기다리던 고객들이 짜증내다가 결국엔 다른 가게로 가는 것을 알게 되었다. 이유인즉 거스름돈을 내주는 데 시간이 많이 걸렸기 때문이다. 고민하던 이 사람은 계산대에 지폐와 동전이 가득한 바구니를 놓고 고객이 알아서 거스름돈을 가져가도록 했다. 결과는 기대 이상이었다. 고객을 두 배나 빨리 맞이할 수 있었고, 더욱이 고객들은 정직한 행동으로 더 많은 팁을 남기고 갔다. 자신이 신뢰받는다는 점이 고객을 붙잡은 셈이다.

어느 기업의 신입사원 채용 면접장에서 있었던 일이다. 면접 장소에 종이뭉치가 떨어져 있었다. 그런데 참가자 중 아무도 그것을 주워서 치우려고 하지 않았다. 오직 한 지원자만이 바닥의 종이뭉치를 주워서 휴지통에 버렸다. 그 종이엔 무엇인가가 쓰여 있었다. '우리 회사에 입사한 것을 축하합니다.' 몇 년 후, 종이뭉치를 주웠던 그 사람은 이 회사의 CEO가 됐다. 대만 최대 갑부였던 고故 왕융칭王永慶 포모사 그룹 회장에 대한 일화다.

우리가 즐겨 먹는 컵라면은 약 30여 년 전 일본의 한 식품회사 창업자가 발명해냈다. 이 창업자는 라면을 수출하려고 영국에 갔다. 수출 상담차 이야기를 하던 중 상대 파트너인 영국인이 너무 바빠 라면을 쪼개서 컵에 넣고 물을 부어 대충 먹는 걸 보고 착안해낸 것이다. 일본에서 한 해 동안 팔리는 컵라면은 무려 수십억 개에 달한다고 한다. '어떤 사소한 부분도 놓치지 말라.' 일본에서 '경영의 신'으로 추앙받는 마쓰시타 전기의 창업주 마쓰시타 고노스케 회장이 생전에 늘 하던 말이다.

그렇다면 머리띠를 풀려면 무엇을 해야 할까? 이를 위해 해야 할 운동이 있다. 바로 아이디어 근육 만들기인데 이름 하여 '아이디웨어Ideaware 4'이다.

첫째, 365+24 운동이다. 지금 당신이 하는 일을 365일 24시간 생각하는 것이다. 잠을 자면서도 그 일에 대해 꿈을 꾸어야 한다.

둘째, 15° 돌려보기다. 15° 돌려보기란 다른 생각, 다른 행동을 하는 것을 말한다.

셋째, 3A 운동이다. 여기서 3A란 Any Time, Any Where, Any Thing을 의미한다. 즉 항상 메모할 준비가 되어 있어야 한다는 이야기다. 언제 어디서나 아이디어가 생각나면 메모해가라.

넷째, 일 십 백 천 운동이다. 이 운동은 바로 1문問 10사思 100기記 1,000독讀을 말한다. 하루 문제 하나를 정해, 그것에 대해 10번 이상 Why(왜?)라고 생각하고, 그것을 100자로 메모를 하고, 그것에 관련된 1,000자 정도의 글을 읽으라는 것이다.

어려울수록 몸으로 해결하지 말고 당신이 쓰지 않은 근육, 바로 '머리'를 써야 한다.

다음 글은 영국의 버진 그룹Virgin Group을 창업한 리차드 브랜슨

Richard Branson 회장의 말이다. 성공이 뭔지 잘 시사하고 있다.

진정한 성공이란 자신이 진정 자랑스러워할 수 있는 그 무엇인가를 창
조하는 것입니다. 성공은 돈하고는 상관이 없습니다. 평생 얼마나 벌었
느냐로 기억되는 사람은 없습니다. 은행 계좌에 10억 달러를 넣어 둔
채로 죽든, 배게 밑에 20달러를 남기고 죽든 그런 것은 별로 중요치 않
습니다. 중요한 것은 당신이 살면서 어떠한 특별한 것을 창조했는지 그
리고 다른 사람의 인생에 진정한 변화를 만들었는지 여부입니다.

'기업은 사람이다.'라는 말을 자주 한다. 이 말을 자주 하는 이
유는 무엇일까? 바로 '人質(인질)' 때문이다. 바로 人質이 品質이
고, 品質이 한 기업의 企質(기질)을 결정한다. 그래서 필자는 人質
=品質=企質이라는 말을 자주 한다. 그래서 기업들은 인재전쟁을
치루고 있다.

도대체 회사가 가장 좋아하는 인재는 어떤 사람일까? 두말할
것 없이 '돈을 가장 많이 벌어 오는 사람'이다. 지금은 '우익부 보
익빈優益富 普益貧' 시대다. 이 말은 조직에서 우수한 인재는 더욱더
부자가 되고, 평범한 사람은 더욱더 가난해진다는 것이다. 직장
인이 우익부優益富라는 성공 코드를 잡으려면 무엇을 해야 할까?
바로 일하는 방식을 바꿔야 한다. 그래서 이런 주문을 많이 한다.
"하는 일로 '당신의 Y값을 극대화'해라!"

어느 빌딩에서 있었던 일이다. 엘리베이터로 인한 고객의 불만으로 골머리를 앓고 있는 빌딩 주인이 있었다. 빠른 엘리베이터로 교체하자니 엄청난 투자비가 드는 데다 몇 달간 공사기간이 필요해 이러지도 저러지도 못한 채 곤경에 빠져 있었다. 그런데 이 얘기를 들은 청소부는 간단히 문제를 해결했다. 그 청소부는 '엘리베이터 안에 큰 거울을 달아놓자.'라는 제안을 했다. 그러자 사람들은 자신의 모습을 보느라 엘리베이터가 느리다는 사실을 잊게 되었다. 오늘날 모든 엘리베이터 안에 거울이 달린 건 한 사람의 남다른 생각에서 비롯된 것이다.

직장인을 크게 나누어 보면 '발전소가 큰 職場인'과 '변전소가 큰 職長인'으로 크게 구분할 수 있다. 예전엔 발전소가 큰 사람이 성공의 주역이었다. 이들은 자신의 발전 용량만 믿고, 변화를 도모하지 않다 도태되는 이들이다. 이젠 변전기능이 큰 사람이 주역이 되는 세상이다. 이들은 학력 등 특히 내세울 게 없지만 자신의 변전소를 풀가동해 성과를 낸다. 그렇다면 변전소가 큰 사람은 누구일까? 현실에 안주하지 않고 새로운 것을 시도하는, 이름하여 '사고치는 사람'이다. 말하자면 모험과 도전을 밥 먹듯 하는 이들이다.

스파르타는 고대 그리스에서 최강의 도시였다. 이곳에서는 엄격한 교육을 통해 전사를 배출했는데 그것을 스파르타 교육이라고 한다. 이 스파르타 교육 중에서 있었던 일화다. 짧은 검을 지급받았던 한 청년이 지휘관에게 "제가 가진 검은 매우 짧아서 전투에서 매우 불리합니다."라고 말했다. 그러자 지휘관은 전사의 어깨를 잡고 힘주어 격려했다. "검이 짧다면 한 발짝 더 빨리 적진 속으로 들어가라. 문제는 검이 아니라 한 발짝 더 앞서는 정신이 있느냐 없느냐 하는 것이다."

이런 말이 있다. "머리가 나쁘면 육신이 피곤하다." 무조건 열심히 한다고 해서 능사는 아니다. 이제 'Hard(열심히)'가 아니라 'Smart(제대로)'라는 코드를 잡아야 한다. 여기서 Smart란 '깔끔한 것'이 아니라 '효과적인 것'을 말한다. 다시 말해 '일의 효율'을 뜻한다.

한번 생각해 보아라. "내가 하는 일로 나는 회사에 무엇을 기여하고 있는가?" 즉 기여도를 체크해보아라. 그러자면 일을 할 때 이런 생각을 해야 한다. "아마 이건 우리 업종에서 최초일걸? 아니 이건 우리나라 최고일걸?" 하는 자세로 '당신의 Y값 극대화' 즉 최고의 성과를 내면서 돈을 많이 벌어다 주어야 한다. 즉 게임 체인저가 되어야 한다.

에필로그

4차 산업혁명과 함께 올 일자리의 미래는 'Free Agent'로 흔히 이야기된다. '샐러리맨'으로 대표되는 20세기의 경제주체가 조직에 소속되어 조직을 위해 헌신하고 경제적 대가를 받는 사람이었다면 '프리 에이전트'는 원하는 시간, 원하는 장소, 원하는 만큼, 원하는 조건으로 조직을 벗어나 자신의 뜻대로 일하는 것을 선호하는 사람으로 정의된다.

프리 에이전트, 자기가 원하는 시간에 원하는 장소에서, 원하는 만큼 원하는 일을 할 수 있다는 것은 굉장히 매력적이다. 하지만 프리 에이전트가 된다는 것은 노동시장에서 자신의 가치를 스스로 창조해낼 수 있는 능력이 있어야 한다는 것을 의미하기도 한다. 하지만 자신의 가치를 스스로 창조하고 증명하는 것은 결코 쉽지 않기에 많은 사람들이 고민에 빠진다. 어떻게 보면 굉장히 단순하고 우리 가까이에 항상 존재했던 길을 내버려 두고 말이다.

누구나 알고 있지만 대부분은 잊게 되는 방법. 그것은 바로 자신이 있는 위치, 있는 조직에서 성실하게 활동하며 노력하는 것이다. 비록 지금 당장 내가 소속된 조직, 내가 서 있는 위치가 작고 보잘것없을지 몰라도 성실하게 노력하다 보면 거기서 배움이 생기고, 배움을 통해 자신의 가치를 닦아나갈 수 있다. 그리고 가치를 닦아나가다 보면 자연스럽게 '최고의 멘토'를 만날 기회가 생기며, 그 기회를 통해 자신을 더욱 최고에 가깝게 만들어갈 수 있게 되는 것이다.

필자 역시 맨손으로 사회에 내던져져 부족함투성이었다. 하지만 자신의 처지를 한탄하지 않고 MK의 강점 리더십과 핵심가치를 내면화하면서 자신의 가치를 만들어 나가는 힘을 얻게 되었다. 현재의 위치에서 근면과 성실을 최고의 원리로 삼고 내가 소속된 조직, 현대자동차와 내가 어떻게 동반성장할 수 있을까 끊임없이 연구하며 배워 나가다 보니 어느새 나의 가치를 깨닫고 발전시켜 나갈 수 있게 된 것이다.

현재 필자가 추구하는 가치는 '내가 체득한 배움을 다른 사람들과 나누는 삶'이다. 수많은 사람들이 좌절과 무기력의 늪에 빠져 허우적대고 있는 시대, 좌절과 무기력에서 벗어나 자신을 발전시키고 나아가 사회를 발전시킬 수 있는 힘을 강의와 교육을 통해 더 많은 사람들에게 전달하고 싶다. 그렇기에 공간과 시간에 구애받지 않는 프리 에이전트로 노후에도 왕성한 활동을 해나갈 생각이다.

군부대, 취약계층, 교도소 등에 월 2~3회 재능기부를 하고 있는 것도 더 많은 사람들에게 강점 리더십과 긍정 심리학이 만들어내는 행복한 성공의 방법을 전파하고 싶다는 소망의 실현이다. 자신에게 가치도, 기회도 없다고 생각하며 세상을 원망하는 사람들에게 가치와 기회를 획득하여 행복한 성공을 이뤄낼 수 있는 방법을 공유하고 그들과 함께 동반성장 하고픈 마음인 것이다.

중국에는 월련월강越煉越强이라는 말이 있다. 단련을 많이 할수록 강해진다는 의미다. 많은 훈련과 고통을 겪으며 단련을 해야만 훌륭한 인간으로 성장할 수 있다. 중국 명나라 문인 홍자성의 어록을 모은 『채근담菜根譚』에는 이런 말도 있다.

"어린이는 어른의 씨앗이요, 수재는 훌륭한 사람의 씨앗이다. 이때 만약 불길이 이르지 못해 단련이 서툴면 뒷날 세상에 나아가 일을 맡을 때 훌륭한 인물이 되지 못한다."

사람의 쓰임새를 만드는 과정도 철을 단련하는 과정과 다르지 않다. 철은 뜨거운 물과 차가운 물을 끊임없이 오가며 단련된다. 단련되지 않은 철은 물러서 제때에 제 쓰임새대로 사용할 수가 없기 때문이다. 사람도 마찬가지다. 사람에게 불길이란 시련과 고통이다. 어려움이 없이 큰 사람은 위기가 닥치면 이를 잘 이겨내지 못한다. 훌륭한 인물이 되기 위해서는 시련으로 자신을 끊임없이 단련해야 한다. 인간이 강해지려면 반드시 어려움을 겪고 자신을 단련해서 풍부한 지식과 경험을 쌓아야만 깊이 생각하는 법을 익히고, 다양한 생존 기술을 배우기 마련이다.

돌이켜 보니 고통이 나를 생각하게 만들었고, 고통이 커지자 지혜도 함께 자랐고, 그러자 인생이 훨씬 견딜 만한 것으로 여겨졌다 싶다. 인생이란 결국 역경을 이겨내는 것이며 슬픔과 싸우는 행위이다. 더 큰 고난의 세월 속에서 나는 잔잔한 깨달음을 얻으며 차츰 성숙해져 갔다.

필자는 현실이 비록 힘겹지만 지금의 단련으로 더 나아질 미래와 분명히 찾아올 기회를 포기하지 않고 긍정과 열정, 노력을 다하는 사람들을 응원한다. 필자의 삶을 통해 대한민국의 미래를 이끌어갈 젊은 세대들이 힘든 현실로 인해 좌절하거나 포기하지 않고 굳건한 신념을 갖도록 돕고 싶다.

최고의 멘토와 함께하는
배움을 통해 '일류 인생'을
디자인할 수 있기를 소망합니다!

– 권선복
도서출판 행복에너지 대표이사

우리 시대를 관통하는 가장 중요한 키워드는 무엇일까요? 다양한 후보가 있겠지만 가장 중요한 키워드는 '경쟁', 그리고 '생존'이라고 할 수 있을 것입니다. 승자가 모든 것을 지배하는 승자독식이 갈수록 뚜렷해지면서 최고가 되지 않으면 생존할 수 없다는 인식이 사회에 팽배합니다.

이렇게 살아남기 위해 최고가 되어야 하는 세상에서 어떻게 최고가 될 수 있을까요?

이 책 『최고가 되려면 최고에게 배워라』는 자신이 지금 하고 있는 일에서 '일등'이 아닌 '일류'가 되는 것이야말로 최고가 되기 위한 왕도王道라고 이야기합니다. 또한 일류로 향하는 길을 함께할 최고의 멘토로 위기의 기업을 일으켜 세운 현대자동차그룹 정몽구 회장의 9가지 강점과 현대자동차의 5가지 핵심가치를 소개합니다.

이 책을 지은 최갑도 저자는 어려운 가정환경에서 태어나 초등학교 졸업 직후부터 우동집의 심부름꾼으로 생계를 이어가야만 했던 인물입니다. 하지만 현대자동차서비스에 생산직 직원으로 입사하면서 정몽구 회장의 강점 리더십에 큰 감동을 받아 새로운 인생을 꿈꾸게 됩니다. '생산직은 시키는 일이나 하는 위치'라는 통념을 거부하고 끊임없는 제안과 연구를 통해 다양한 성과를 이루었으며, 퇴직 후에도 열정과 에너지를 인정받아 명강사로서 여러 곳에서 활동 중입니다.

최갑도 저자가 무엇보다도 강조하는 화두는 '배움'입니다. 하루 세 끼 먹기도, 마음 편히 잠들기도 쉽지 않았던 환경 속에서도 저자는 끈질기게 배움을 이어 나갔습니다. 지금도 그는 배움에 대한 열망을 숨기지 않고 일본어 공부와 일본 서적 번역을 하는 등 왕성한 배움의 활동을 이어 나가고 있습니다.

'최고가 되려면 최고에게 배워야 한다.'와 '지금 하고 있는 일을 통해 자신을 최고로 만들어라.'라는 단순하면서도 변하지 않는 성공의 진리를 우리에게 전해주는 이 책을 통해 많은 분들이 '일류 인생'을 향한 청사진을 만들어나가기를 소망합니다!